FEELING

BETTER

Wie wir es schaffen können

uns jeden Tag

immer besser und besser zu fühlen

Anne Flowers

FEELING BETTER

Anne Flowers

Bibliografische Information der Deutschen Nationalbibliothek: Die Deutsche Nationalbibliothek verzeichnet diese Publikation in der Deutschen Nationalbibliografie; detaillierte bibliografische Daten sind im Internet über dnb.dnb.de abrufbar.

Verlag: BoD · Books on Demand GmbH, In de Tarpen 42, 22848 Norderstedt

Umschlagillustration: © Anne Flowers (Autorin)

Druck: Libri Plureos GmbH, Friedensallee 273, 22763 Hamburg

ISBN: 978-3-7597-7919-9

INHALTSVERZEICHNIS

MEINE MOTIVATION

Warum ich dieses Buch schreibe ist ganz einfach. Ich möchte gerne, dass es mir immer besser und besser geht. Und ich hätte gerne eine handliche Übersicht mit Methoden, die mir dabei helfen. Also trage ich nun Wissen und Erkenntnisse, die mir in den letzten Jahren so über den Weg gelaufen sind, zusammen, damit ich bei Bedarf nachkucken kann. Mir geht es nämlich oft so, dass ich längere Zeit im Tief verharre und mir dann mehr oder weniger zufällig wieder etwas einfällt, das mir hilft da wieder raus zu kommen. Und dann denk ich mir oft, Mensch, hätte ich mal eher dran gedacht. Und beim nächsten Tief-Aufenthalt nehme ich mir einfach dieses Buch- voilà 😊

Und warum hatte ich überhaupt so viele Erkenntnisse und warum kenne ich überhaupt so viele Methoden?

Ich beschäftige mich generell gerne mit dem „Warum". Sämtlicher Dinge. Zum Thema „sich besser fühlen" also erst mal – warum fühle ich mich eigentlich nicht permanent bombastisch super genial glückselig. Das hat viel mit unserem Unterbewusstsein zu tun und dazu sag ich später noch viel (aber nicht zu viel). Weil, wie der Volksmund schon weiß: „Selbsterkenntnis ist der erste Schritt zur Besserung." Und: „Was ich nicht weiß, macht mich nicht heiß." In diesem Fall möchten wir also heißer werden.

Ich analysiere also gerne und bin dann auch sofort auf der Suche nach Lösungen. Und sobald ich von etwas erfahre, das mir weiter helfen kann, möchte ich es sofort ausprobieren und testen. Daher habe ich also einen gewissen Erfahrungsschatz, den ich gerne mit Euch teilen möchte.

Eine andere Eigenschaft von mir ist, dass ich mich sehr gerne kurz und knapp fasse, unter Umständen auch mal Erklärungen weg lasse, um mich kürzer fassen zu können und darauf vertraue, dass mein Gegenüber folgen kann. Was wiederum meinen Mann gerne mal zur Weißglut treibt. Und damit er sich dann wieder schneller einrenken kann – dieses Buch, voilà 😊. Dass ich mich generell gerne kurz fasse, erweckt in mir den Wunsch, auch die mir bekannten Zusammenhänge und Methoden möglichst kurz, übersichtlich und mit ein wenig Humor gespickt zusammenzufassen, also auch praktisch für alle Leser, die eigentlich nie lesen, weil sie gar keine Zeit und noch viel weniger Lust haben zu lesen.

Die dritte Motivation, und darum geht es letztendlich auch vor allem, ist das Wie. Wie kann ich es erreichen, dass es mir tatsächlich immer besser geht. Immer besser, weil von so richtig kacke bis himmelhochjauchzend braucht man dann doch ein paar Schritte, meist innerliche Verarbeitungsschritte, die sind nicht immer angenehm, aber auch dazu später mehr.

Ich beschreibe also erst mal ein paar Gründe wieso es uns oft mies geht, damit wir auch verstehen, warum manche Methoden wie wirken können.

Und dann beschreibe ich einige Methoden, die uns einen Weg in eine glückseligere Zukunft bereiten können.

Diese Buch erhebt aber, und das ist wichtig, kein Versprechen auf Heilung oder Genesung und auch keinerlei Anspruch auf Vollständigkeit. Es gibt also mehr „Warums" und mehr „Wies" als hier beschrieben. Dieses Buch kann gerne als Startschuss gesehen werden sich einen Überblick zu verschaffen, um sich dann selbst mehr mit diesen Themen zu beschäftigen. Jede einzelne Methode hat ihre eigene Wirkweise, ihre Erfolgsgeschichten, Menschen, die darauf schwören und Menschen, die damit überhaupt gar nichts anfangen können. Also betrachtet dieses Buch auch gerne als eine Art Speisekarte des sich-besser-fühlens, eine kleine Übersicht mit Methoden, die man leicht alleine austesten kann

EIN BISSCHEN THEORIE

DAS UNTERBEWUSSTSEIN

Jeder hat davon gehört und jeder weiß ungefähr, was damit gemeint ist. Was wahrscheinlich nicht jeder weiß, ist, wie heftig unser alltägliches Handeln von unserem Unterbewusstsein beeinflusst wird. Damit meine ich jetzt nicht so was wie Atmen, Händewaschen, Zähneputzen, Autofahren – das machen wir auch alles unbewusst, ohne uns darüber extra Gedanken zu machen. Damit meine ich jede einzelne Entscheidung, die wir im Laufe des Tages treffen. Was mache ich mir zum Frühstück – jeden Tag dasselbe oder heute vielleicht einen grünen Tee statt Kaffee? Warum? Marmeladebrötchen, Obst, Käsestulle – warum? Fahre ich mit dem

Auto, parke ich immer auf demselben Parkplatz oder suche ich mal in dieser und mal in jener Straße nach einem freien Platz – warum? Fahre ich mit Bus und Bahn, um wie viel Uhr verlasse ich mein Haus/meine Wohnung – erledige ich noch kurz auf dem Sprung Kleinigkeiten, die eigentlich auch hätten warten können – warum? Dusche ich jeden Morgen oder nur ab und an – warum? Natürlich gibt es für viele Entscheidungen auch logische Begründungen. Kein Auto wegen Stau, Duschen wegen Geruch, grüner Tee wegen Gesundheit, aber fällen wir diese Entscheidungen wirklich jedes Mal gleich bei gleichen Bedingungen? Oder entscheiden wir uns auch manchmal für eine Dusche, obwohl wir gar nicht müffeln? Trinken wir manchmal einen Liter Kaffee, obwohl wir uns die ganze Zeit denken: „Mensch, grüner Tee wäre viel besser", aber gerade an diesem Tag haben wir null Bock auf Teetrinken. Warum? Viele Fragen und nur einer kennt die Antwort – oder besser gesagt eines: unser Unterbewusstsein. Hier wird nämlich alles, alles, alles abgespeichert, was wir jemals gehört, gesehen, gespürt oder mit anderen Sinnen wahrgenommen haben – auch wenn wir das gar nicht merken.

Ein Beispiel: der Bus fährt am Morgen alle 5 Minuten und wir brauchen 3 Minuten zur Bushaltestelle. Unsere Wohnung ist relativ ruhig, wenn man genau hinhört, hört man den Verkehr, und wenn man ganz genau hinhört, hört man sogar die Busse. Wir hören das seit Jahren nicht mehr, wir hören nur noch Sirenen und Ferraris. Aber unser Unterbewusstsein, das stalkt unsere Umgebung permanent und hört jeden einzelnen Bus, der in hörbarer Nähe vorbeidüst. Unser Unterbewusstsein weiß also zum Beispiel: aha, die letzten fünf Busse waren pünktlich, dieser ist jetzt ein bisschen zu spät, jener dafür etwas zu früh, aber die nächsten sind wahrscheinlich wieder pünktlich. Jetzt haben wir noch 10 Minuten Zeit bis unser Bus geht, da bleibt noch genug Zeit um Haare zu kämmen und den Müll raus zu bringen. Das gibt unser Unterbewusstsein unserem Verstand weiter und tadaa, da denken wir uns plötzlich: „Ui, meine Haare, die kämm ich jetzt nochmal über und den Müll bring ich auch noch raus. Hoffentlich erwisch ich dann noch den Bus, wird schon klappen, fühlt sich gut an."

STOP

Genau hier liegt nämlich auch der Schlüssel zu der krassen Unmenge an Informationen, die unser Unterbewusstsein seit Jahrzehnten für uns sammelt. Unser Gefühl. Unsere Intuition. Das Nagen im Bauch, wenn wir etwas lieber nicht tun sollten, uns aber gerade nicht erklären können, warum. Da fließt all das zusammen, was unser Unterbewusstsein für uns sammelt und auswertet.

Und hier liegt aber auch eine Falle, die wir uns selbst stellen können. Manchmal haben wir nämlich auch Ängste, die in der aktuellen Situation keine logische Ursache haben, sondern die sich unser Unterbewusstsein zum Beispiel aus Kindheitstagen gemerkt hat. Und uns dann warnt, weil es keine Zeit kennt und davon ausgeht dass wir gleich heftig von unseren Eltern geschimpft werden wenn wir etwas nicht richtig tun, zum Beispiel unsere Arbeit im Büro. Das nennt man dann Versagensangst.

Und wieso beeinflusst es heute unser Handeln wenn wir als Kinder, also je nachdem – schon ein Weilchen her, hüstel hüstel – schlechte Erfahrungen gemacht haben? Weil unser Unterbewusstsein keine Zeit kennt. Für unser Unterbewusstsein, ich nenne es mal kurz UWE (UnterbeWusstsEin), gibt es nur das Jetzt. Also wann etwas geschehen ist oder ob etwas erst noch geschehen wird, das existiert für UWE nicht. Unser UWE erlebt einfach alles ungebremst im Hier und Jetzt. Auch wenn wir uns z.B. ausmalen, wie etwas in naher oder ferner Zukunft sein wird, und wir uns freuen, freut sich UWE mit, und wenn wir uns ängstigen, hat UWE sofort

Angst. Jetzt. Wenn sich unser UWE also zum Beispiel gemerkt hat, lautes Geräusch heißt Angst und Stress, dann ist UWE, egal ob das zeitlich oder logisch zusammenpasst, bei lauten Geräuschen voller Angst. Und dementsprechend flüstert uns unser UWE dann also wenig hilfreiches ins Ohr.

Das ist also ein zweischneidiges Schwert. Engelchen und Teufelchen, wenn man so will. Aber auch hier gibt es einen Mechanismus, der uns helfen kann, besser zu erkennen wer uns da gerade ins Ohr flüstert – Engelchen oder Teufelchen. Unser Unterbewusstsein orientiert sich nämlich auch am Gesetz der Anziehung (s. eines der nächsten Kapitel). Das heißt also, kurz erklärt, sind wir allgemein in guter Stimmung, flüstert unser Unterbewusstsein so, dass wir dieses Gefühl behalten. Und sind wir in mieser Stimmung geht es davon aus, dass wir das sein wollen und flüstert uns zu spät kommen, zu heiß essen, etc. ins Ohr.

Hier gibt es also viele Feinheiten und es braucht etwas Übung um sich und seine Flüsterer kennenzulernen. Aus eigener Erfahrung kann ich sagen, dass das Körpergefühl, also ein Ziehen im Bauch, ein Drücken in der Kehle, ein Jucken am Bein, ein klarer Hinweis zu unseren Gunsten ist. Wenn man genauer hin spürt und beobachtet findet man also hilfreiche Hinweise. Wenn man nur oberflächlich hin spürt dann merkt man eventuell vor allem die negativen eingespeicherten Gefühle, die einem dann nicht so hilfreiche Tipps geben.

Hier ist es wie bei allen Themen, die ich hier erwähne, es gibt viele Coaches, Therapeuten, Online-Tutorials und Bücher, die sich tiefer mit dem Thema Unterbewusstsein beschäftigen. Euch stehen also viele Möglichkeiten offen wenn ihr Euch detaillierter damit beschäftigen wollt.

Nun aber erst mal: Woher kommen überhaupt diese Programmierungen unseres Unterbewusstseins, die uns oft weniger hilfreich ins Ohr flüstern?

DAS KIND IN MIR

Speziell in unseren ersten Lebensjahren, bis ungefähr zum 6. Lebensjahr, also bis es mit der Schule los geht, sind wir ziemlich eins mit unserem Unterbewusstsein. Das, was uns von unserem Unterbewusstsein trennt, nämlich Gedanken, Vernunft und Logik, das entwickeln wir erst später. Einssein mit unserem Unterbewusstsein bedeutet, dass wir alles erlebte 1:1 sofort und ungefiltert abspeichern. Später machen wir das auch, aber später können wir auch analysieren und wissen z.B. wenn wir ein lautes Geräusch hören, dass eine Baustelle in der Nähe ist und keine Gefahr droht. Wenn kleine Kinder plötzlich ein lautes Geräusch hören, haben sie diese analytischen Gedanken nicht, und je nach Situation kann es sein, dass das Kind vor Angst anfängt zu schreien und dann liegt es an den Eltern, das Kind zu verstehen und zu beruhigen.

Wenn wir also als Kind Situationen erleben, die in uns schlechte Gefühle auslösen, wie Angst oder Trauer oder Wut, dann prägt sich das ein. Und das fiese ist, dass wir uns meistens kaum erinnern an diese ersten Jahre und uns folglich auch an die Situationen, die uns so prägen, oft nicht bewusst erinnern können. Was uns aber bleibt ist diese eingeprägte Gefühlsreaktion auf gewisse Situationen. Zum Beispiel also, lautes Geräusch – Angst. Mit etwas Glück haben wir Eltern, die uns in den Arm nehmen und sowas sagen wie „lautes Geräusch... erschrocken, Angst... ganz normal... alles gut... wir sind da...keine Gefahr", irgendetwas also, das dem Kind ein Wohlgefühl vermittelt, ein Gefühl der Sicherheit und der Geborgenheit, dann passt alles. Wenn aber niemand da ist, der uns aus diesem Angstgefühl hilft und wir stattdessen unserer Angst überlasen werden, dann prägt sich das ein. Unserer Angst überlassen werden wir z.B. auch wenn unsere Eltern sowas sagen wie „was schreist du denn so… nur lautes Geräusch, kein Grund…. hör auf zu schreien und zu weinen, stell Dich nicht so an", uns also das Gefühl geben unsere Reaktion ist falsch und uns nicht aus der Angst helfen. Oder es ist einfach gerade keiner da, kann ja auch sein. Wir sind da also als kleine Kinder allein mit unserer Angst vor dem lauten Geräusch. Und später als Erwachsene haben wir totale Stressgefühle, wenn es laut wird. Dann ist uns die Musik zu laut, Gespräche in großer Gruppe, Bauarbeiten, alles was laut ist stresst uns total. Und wir stressen dann unser Umfeld, weil wir nach Hause wollen oder herumnörgeln oder halt einfach gestresst herumsitzen. Wir denken, das Geräusch ist schuld, alle anderen denken, wir sind schuld, und im Grund liegt es daran, dass in unserem

Unterbewusstsein bei jedem lauten Geräusch das Kind, das wir damals waren, angstvoll zusammenzuckt und weint.

Unser Unterbewusstsein kennt ja in dem Sinne keine Zeit und Argumente sind ihm schnuppe. Geräusch – Angst, das hat sich eingeprägt, basta. Und so kann es mit Vielem gehen, auch mit positivem. Wir werden ja nicht nur negativ geprägt. Liebevolles Schaukeln zum Einschlafen, ruhige Musik, der Geruch nach frisch gebackenem Kuchen, das Lieblingsparfum unserer Mama, vieles kann wohlige Gefühle in uns auslösen, weil wir auch das als Kinder in unser Unterbewusstsein geprägt bekommen haben. „Bekommen haben" weil wir selbst dazu wenig beitragen, wir reagieren einfach nur normal. Somit sind wir also ein bisschen ausgeliefert, und am meisten unseren Eltern, die selbst so ihre eigenen Programmierungen mitbekommen haben, meist von ihren eigenen Eltern, und so fort. Positiv wie negativ. Jeder hat seine ganz eigenen Prägungen und seine ganz eigenen Reaktionen auf Situationen. Und vor allem in einer Partnerschaft werden all diese Prägungen schön angesprochen und offen gelegt. Wenn man überhaupt nicht nachvollziehen kann, wieso die Partnerin /der Partner immer so aggressiv, wütend oder verletzt reagiert oder auch verletzend wird liegt das mit einer sehr hohen Wahrscheinlichkeit an Prägungen aus unserer Kindheit. Und weil diese Prägungen eben nicht durch Argumente wahrgenommen wurden, sondern durch visuelle Aufnahme und gefühlte Gefühle, werden sie auch so abgespeichert, visuell und gefühlt. Folglich ist es auch nicht so einfach diese Prägungen durch Gesprächstherapie zu lösen. Man versteht vieles sehr viel besser und kann sich wunderbar ändern, aber die Angst vor lauten Geräuschen geht nicht weg, nur weil wir logisch nachvollziehen können, dass von einem lauten Bagger keine Gefahr droht. Der Stress bleibt. Dazu braucht es andere Methoden, und dazu komme ich nachher. Man muss auf die ein oder andere Art ran an UWE. Und vor allem auch erst mal erkennen was eigentlich los ist, dass wir überhaupt reagieren, wie wir reagieren und im besten Falle können wir sogar nachvollziehen warum wir so reagieren.

Wir können zum Beispiel direkt mit dem Kind in uns arbeiten, das es immer noch gibt, weil UWE eben keine Zeit kennt. Zu jeder Zeit ist jedes Alter von uns in unserem Unterbewusstsein präsent. Irgendwie auch ein bisschen spooky.

WARUM TU ICH DAS?

Wir wissen jetzt also, dass unser Unterbewusstsein uns ziemlich heftig beeinflusst. Und dass es quasi programmierbar ist. Und die intensivsten Programmierungen kommen aus unserer Kindheit. Also was macht das jetzt mit uns? Um das herauszufinden, müssen wir Meister der Selbstbeobachtung werden.

Zum Beispiel hat ja jeder so seine Trigger. Den Begriff nutz ich jetzt einfach, weil ich denke jeder kennt ihn und weiß was damit gemeint ist. Trigger ist das, was uns wahnsinnig macht. Wenn Leute zu schnell fahren und andere gefährden, wenn sich Leute rücksichtslos verhalten, wenn es zu laut ist, wenn uns jemand kritisiert, wenn jemand zu schön aussieht, die Liste ist endlos. In diesen Situationen werden wir zu Mr. Hyde. Dr. Jekyll und Mr. Hyde, zwei Persönlichkeiten im selben Körper. Einer gut, einer psychotisch. Dieses Phänomen können viele von uns wunderbar an uns selbst beobachten. Wie verhaltet ihr euch zum Beispiel am Arbeitsplatz, unter euren Freunden, in eurer Familie, Fremden gegenüber und innerhalb einer Beziehung? Immer gleich? Seid ihr immer anders, aber immer nett? Oder seid ihr vielleicht auch manchmal weniger nett, um es einmal nett zu formulieren?

Wir haben also scheinbar verschieden Leute in uns, wo soll das nur hinführen. Aber, alles nicht so schlimm. Eigentlich ist der ultimative Schlüssel zu allem: Selbstbeobachtung.

Wenn wir zum Beispiel austicken wegen einer – in den Augen anderer – Kleinigkeit. Warum? Warum ticken wir aus, würden am liebsten um uns schlagen, oder auch einfach nur los heulen, und andere in derselben Situation zucken nur mal kurz mit den Schultern? Weil sich unser UWE gemerkt hat, dass diese Situation für uns so richtig kacke ist, weil es uns in einer ähnlichen Situation schon mal so richtig mies ging. Sei es als Kind oder später in einer Beziehung oder am Arbeitsplatz. Reiz – Reaktion. Und wir reagieren, und wie. Und wenn wir das einfach so mitmachen sind wir dem einfach ausgeliefert, und unsere Umgebung auch. Die Gegenstände, die wir treten und werfen, unsere Mitmenschen, auch unsere Kinder, leider, die wir hoffentlich nur sinnbildlich treten.

Oder, warum erleben wir in Beziehungen immer das gleiche? Oder eben am Arbeitsplatz? Immer dieselbe Suppe? Wenn wir erkennen, dass es ein Muster gibt, das sich wiederholt, ist das schon ein großer Schritt. Wenn wir dann noch erkennen, das wir nicht Opfer unserer Umgebung sind, sondern dass wir diese Situation auch noch selbst in unser Leben ziehen, dann können wir anfangen zu überlegen warum das so ist und können anfangen damit zu arbeiten.

Wir reagieren also auf Aktionen im Außen. Und, wir verhalten uns auch oft immer gleich bei gleichen Themen. Mancher z.B. hat immer Erfolg, egal was er oder sie wirklich kann oder gelernt hat. Andere sind hyperintelligent und fähig, aber der Erfolg bleibt auf der Strecke. Meiner Erfahrung nach sind es vor allem die Selbstbewussten, die sich gut im Außen darstellen können, und die nicht an sich zweifeln, die dann auch erfolgreich werden. Und manche hyperintelligente Menschen sind halt voller Zweifel, weil ihnen vielleicht als Kind immer gesagt wurde, dass sie nicht gut genug sind, und das hat sich einprogrammiert.

Es ist also wichtig zu verstehen, dass die Erfahrungen, die wir im Laufe unsres Lebens sammeln, unser Handeln beeinflussen. Aufgrund der Programmierungen in unserem Unterbewusstsein. Und wenn wir in den jeweiligen

Situationen erkennen, dass unser Verhalten eben an uns liegt und nicht an irgendwem anders, dass wir keinem die Schuld zuschieben können außer uns selbst, dann ist das schon richtig super. Dann wollen wir natürlich auch wissen warum. Manchmal geht das schnell, wenn wir uns auf das Gefühl konzentrieren und in unserer Erinnerung kramen dann kommt eventuell ein Bild aus unserer Kindheit und wir verstehen. Vielleicht finden wir auch keinen Grund, das ist auch okay. Wege aus diesem Dilemma gibt es viele, in diesem Buch liste ich eine kleine Auswahl auf, und ich hoffe dass es euch weiterhilft!

GLAUBENSSÄTZE

Aus negativen Erfahrung, vor allem aus unserer Kindheit, ergeben sich leider auch oft sogenannte Glaubenssätze. Das sind all die Sätze, die wir uns bewusst oder auch unbewusst, tagein tagaus häufig vorsagen. Und diese Glaubenssätze können alle Lebensbereiche betreffen. Beispielsweise auch das Thema Finanzen. Wenn unsere Eltern früher oft geschimpft haben über die reichen Leute, die denken, sie wären etwas Besseres, nur weil sie Geld haben, dann ist für uns unbewusst klar, reich sein ist doof. Oder, wenn wir übertrieben oft kritisiert wurden, dann ist für uns klar: das können wir eh nicht. Oder wenn wir oft Sätze gehört haben wie: „Wie siehst du denn aus? So willst du auf die Straße?", dann ist auch für uns klar, dass wir extrem auf unser Äußeres achten müssen, prinzipiell zu hässlich und für andere erst dann genug sind, wenn wir zum Beispiel Make-up auftragen. Von diesen Glaubenssätzen gibt es – leider – unzählige, jedenfalls viel zu viele. Und nun liegt es an uns, uns von all diesen Glaubenssätzen, die uns schon so lange runterziehen, zu befreien. Und mit etwas Glück sind wir damit auch ein Beispiel für Andere, die es dann auch tun.

GESETZ DER ANZIEHUNG

Das, was wir fühlen, ziehen wir automatisch in unser Leben. Ein einfaches und anschauliches Beispiel: wir sind verliebt. Wir sind verliebt, alle Blumen blühen bunt, Kinder lachen, die Sonne scheint, wir haben genau passend Kleingeld für den Coffee to go, der schmeckt ganz wunderbar, beim Bäcker sind alle Angestellten super gut gelaunt, gute Musik aus dem Radio, alles ist perfekt und mir geht es immer verliebter und glücklicher. Dann, Liebeskummer. Hundekacke auf dem Gehweg, die Kinder sind zu laut und hören gar nicht mehr auf, das nervt, beim Bäcker ist die Schlange zu lang, es riecht komisch, die Deckel für den Coffee to go sind aus, ich hätte Kleingeld passend, zahle aber lieber mit Karte, das dauert Eeeewigkeiten, ich habe keine Lust mehr auf Kaffee, draußen blendet die Sonne und wieder zwischen den Blumen Hundekacke, wer lässt seinen Hund denn immer in die Blumen machen, das ist doch alles scheiße heute.

Ein- und derselbe Tag. Dieselbe Person. Alles passiert genau gleich. Der einzige Unterschied: die innere Glückseligkeit wegen Verliebtheit oder die innere Traurigkeit und Verzweiflung wegen Liebeskummer.

Wenn wir gut gelaunt sind, ist die Schlange beim Bäcker halt einfach kurz, oder es ist uns einfach egal und fällt uns gar nicht auf.

Meine persönliche Erfahrung, speziell mit Bäckern, ist folgende: Bin ich mies drauf, ist die Schlange super lange und dauert ewig. Bin ich gut drauf, habe ich z.B. auf dem Weg zu dem einen Bäcker die Eingebung, dass ich doch lieber zu dem anderen Bäcker gehe, und da komme ich sofort dran. Oder, wenn ich komme ist die Schlange kurz und ich muss kaum warten, wenn ich gehe ist die Schlange wieder lang (was nicht zwangsläufig an meiner Bestellung liegt…). Diese Übereinstimmung gibt es nicht bei 100% meiner Bäckerbesuchen, aber so oft, dass es mir auffällt.

Das Gesetz der Anziehung ist super nervig wenn wir im Tief sind. Wer kennt nicht Murphys Law. Einmal scheiße, immer scheiße.

Aber, das Gesetz der Anziehung gibt uns auch grandiose Möglichkeiten unser Leben zu gestalten. Wer sagt denn, dass ich grummelig aus dem Haus gehen muss? Wer sagt denn, dass ich mich nur dann verliebt fühlen darf wenn grade der Traumpartner an die Tür klopft?

Wir sind einfach mal so frei und nutzen dieses gigantische, unausweichliche, universelle

Gesetz für uns. Dürfen wir. Sollen wir sogar. Uns zuliebe.

WIE VIELE KÖRPER HABE ICH EI-GENTLICH

Bei diesem Titel denken sich womöglich einige:
Hä? Wieso? Ich hab doch zwei Beine… Blick
nach unten… ja stimmt, 2 Beine, 2 Arme…. Wo
sind denn nun die anderen Beine und Arme???

Aber im Ernst, es gibt ja ein paar mehr Zusammenhänge als Blut und Knochen und Muskeln,
als rein chemische Reaktionen oder rein physi-
kalische Änderungen. Zumindest mehr als wir
momentan wissenschaftlich erklären bzw. messen oder mikroskopisch sehen können. Mit unserer Technologie sind wir halt noch nicht am
Ultimum und dennoch können wir Wirkungen
erfahren, erfühlen und erkennen, die wir

wissenschaftlich eben noch nicht erkunden können. Wir sind quasi der ultimative Sensor, das Labor, das alles kann.

Das mit den Multi-Körpern habt ihr ja vielleicht schon mal gehört, da gibt's den energetischen Körper, den mentalen Köper, den Astral Körper, den hätte-ich-gern Körper, den morgens-in-den-Spiegel-schau-und-würg Körper, den feinstofflichen Körper, den emotionalen Körper, den spirituellen Körper, es gibt super viele. Und es kommt auch sehr darauf an, wen man nach diesen Körpern fragt. Im Grunde sind alle diese Körper feinstofflich, das heißt man kann sie eben nicht sehen oder anfassen (nur indirekt). Sie beschreiben im Grund unser allumfassendes Sein, unsere Zustände und Reaktionen, inklusive aller Beeinflussungen aus dem Hier und Jetzt, aus früheren Leben, aus unserer Ahnenlinie. Wenn man sich noch nie mit diesen Themen beschäftigt hat, kommt einem das verständlicherweise seltsam vor. Viele haben bei spirituellen oder energetischen Themen auch eher abschreckende Bilder im Kopf von abgemagerten Gurus oder abgedrehten Tanten.

Im Grunde ist das alles eine Frage der Wahrnehmung. Der Selbstwahrnehmung. Was wir zum Beispiel fühlen können wenn wir von einem Wutzustand in einen meditativen Glückszustand wechseln.

Es gibt Menschen, und zwar seit Jahrtausenden, die diese Erkundung zu ihrem Lebensinhalt machen. Die meditieren nicht einmal die Woche 10 Minuten im Yogakurs und wenn es mal nicht passt halt nur 2 mal im Monat. Wobei auch diese 10 Minuten zweimal im Monat einen großen Effekt haben können. Aber es gibt Leute, die meditieren jeden Tag hauptberuflich. Und die haben dann Visionen, Wahrnehmungen und Erkenntnisse, die hat man nicht wenn man 50 Stunden die Woche arbeitet und kaum zur Ruhe kommt. Diese weisen Leute gibt es also schon immer und überall. Manche heißen Yogis,

Schamanen, Heiler, Miraculix. Und sie alle haben ähnliche Erkenntnisse aus ihren eigenen Beobachtungen und Wahrnehmungen. Folglich, finde ich, muss da auch was dran sein. So wie Jeder, egal in welchem Zeitalter, und egal wo auf der Welt, wenn er lange genug darüber nachdenkt, darauf kommt, dass 1 plus 1 eben 2 ergibt. Das ist für uns alle logisch und eh klar, weil wir den ganzen Tag logisch (mehr oder weniger) und mit (mehr oder weniger) Verstand durchs Leben gehen. Wir sind quasi durch den modernen Lebensstil zu Vernunft-Yogis geworden. Mittlerweile werden wir vielleicht zu Smartphone-Yogis, anderes Thema.

Also, diese weisen Menschen haben also ähnliche Erkenntnisse. Zum Beispiel, dass alles Energie ist und alles miteinander verbunden ist. Dass wir im Körper Energiewirbel und Energiewege haben, die uns mit den äußeren Energien verbinden und die auch mit körperlichen Prozessen zusammen hängen. Dass sich unser

Wohlbefinden auf unsere Gesundheit auswirkt. Dass wir energetische Wesen sind, und dass man uns also auch energetisch beeinflussen kann. Und dass es in der Natur Formen gibt, die das können, zum Beispiel Edelsteine oder Pflanzen oder Aromen.

Oder zum Beispiel auch wie wichtig die Atmung ist. Was nicht nur daran liegt, dass wir nur ein paar Minuten ohne sie überleben können. Oder wie wichtig Wasser und dessen Qualität ist, und auch das nicht nur aus Gründen des Überlebens. Atmung zum Beispiel zentriert uns, es ist ziemlich schwer im Gedankenstrudel zu versinken oder auch Angst zu haben, wenn man sich bewusst auf seine Atmung konzentriert. Und richtig gutes Wasser reinigt uns von innen und auch von außen, vor allem wenn wir uns dessen bewusst sind.

Oder auch das Prinzip der Polarität. Es gibt oft zwei übermächtige Wesenheiten oder Energien, die sich gegenüberstehen aber auch gegenseitig bedingen. Manche nennen sie Yin und Yang. Oder kennen sie als Gottheiten.

Das ist nun ein sehr kurzer und kompakter und unvollständiger Ausflug. Aber jetzt haben wir uns damit auseinandergesetzt, dass es eben Zusammenhänge gibt, die uns auf vielfältige Art beeinflussen (daher unsere vielen Körper) und die uns sowohl krank als auch gesund machen können. Diese Zusammenhänge lernen wir nicht in der Schule, wir können sie uns aber selbst erschließen wenn wir unsere Wahrnehmung dafür stärken, zum Beispiel mit Meditation, Yoga, Qi Gong, Tai Chi und vielem anderem.

Diese Körper, die wir haben, sind nicht einfach nur da, sie bilden auch eine Einheit mit unserem physischen Körper. Wenn wir also zum Beispiel eine Blockade in unserem energetischen Körper haben, dann beeinflusst das auch unser physisches Wohlbefinden. Im Gegenzug können wir uns unser Wohlbefinden über den energetischen Körper auch wiederholen, in dem wir zum

Beispiel mit Energiewegen und Energiepunkten arbeiten oder mit anderen Methoden, die energetisch wirken.

METHODEN

EINFACHE SOFORTMASSNAHMEN

Oft genug ist es gar nicht so schwierig dafür zu sorgen, dass es uns unmittelbar besser geht. Man muss einfach die Augen schließen, mit dem Kopf nicken, in die Knie gehen, ein Bein ausstrecken, die Zauberformel aussprechen und sich dreimal im Kreis drehen.

Oderaber, man ändert etwas an der aktuellen Situation, das suboptimal ist, zu einem optimaleren Level, und tada, geht es uns ein Stück besser, auch wenn wir noch kein Problem gelöst haben.

Um zu wissen, was wir in der aktuellen Situation konkret sofort ändern können, müssen wir erst mal etwas üben: beobachten, wie es uns geht. Und das geht einfach mit ein paar Fragen:

Habe ich heute schon genug gegessen? Habe ich genug getrunken? War ich schon an der frischen Luft? Gar in der Sonne? Ist mir warm genug? Ist mir zu warm? Habe ich es bequem? Drückt meine Hose? Habe ich heute schon geduscht?

Man fragt sich also die Basics ab. Die Basics um zu überleben und um sich gut zu fühlen. Natürlich stirbt keiner wenn er eine Woche nicht duscht, aber fühlt man sich dann wohl? Und wenn man eine Woche lang nichts trinkt sieht man die Welt womöglich wirklich von unten und nicht mehr durch lebende Augen. Also hat es durchaus einen evolutionsbedingten Sinn, sich nicht so gut zu fühlen wenn man zu wenig gegessen oder getrunken hat, wenn das nicht so wäre und es uns nach drei Tage ohne Flüssigkeit noch bombig ginge wäre die Lebenserwartung wohl nicht so hoch.

Jeder von uns hat wahrscheinlich Sorgen, über die man sich Gedanken machen kann, und wenn man das ausgiebig macht geht's einem schlecht. Das Ding ist, wenn es mir eh schon nicht gut geht, weil die Grundbedürfnisse nicht gestillt sind, dann mach ich mir viel eher miese Gedanken, weil das einfach so gut harmoniert mit meiner Lage. Und wenn ich super happy bin, weil ich in der Sonne sitze, lecker gegessen habe, genug getrunken, mich gut fühle, weil ich sauber bin und Klamotten anhabe, in denen ich mich wohl fühle, dann mach ich mir keine Sorgengedanken, dann genieße ich einfach das Leben. Es ist also für diesen einen Moment gar nicht soooo wichtig was morgen sein wird oder wie gebrochen unser Herz ist, wir können uns ganz einfach besser fühlen, indem wir uns die Basic Fragen stellen. Natürlich dürfen diese Fragen gerne nach individuellen Bedürfnissen ergänzt werden. Zum Beispiel, war ich heute schon Joggen? - für passionierte Ausdauerläufer. Oder, habe ich heute schon ein Bild gemalt

- für leidenschaftliche Maler. Oder, habe ich schon Makeup aufgetragen? - für Make-Up Fans.

Auch frische Luft darf hier nicht unterschätzt werden. Und nein, Fenster aufreißen ist nicht die ganze Lösung. Nur die halbe Notfalllösung. Die ganze Lösung ist: anziehen und raus, mit dem ganzen Körper, so richtig aus der Wohnung/dem Haus nach draußen. Wer hat, in den Garten. Noch besser: ganz raus. Frische Luft schnappen lässt sich super kombinieren mit einem Ortswechsel. Und ein Ortswechsel kann Wunder wirken. Kurz raus aus dem Alltag, dem Bürostress, dem Familienstress, etc. Das muss keine stundenlange Wanderung werden. Ein paar Minuten reichen da manchmal schon. Brötchen holen zum Beispiel. Vögel zwitschern hören und Blütenduft auf dem Weg zum Bäcker..... schon haben wir den nächsten Geheimtipp: Natur. Raus in die Natur, irgendwo in deiner Wohnumgebung gibt es vielleicht einen

Park, einen See, einen Baum, irgendwas, das dir helfen kann, dass es dir unmittelbar sofort ein Stück weit besser geht.

Die Basic-Fragen lassen sich also wunderbar kombinieren mit anderen Tätigkeiten, die dein Wohlbefinden steigern und die Du bereits kennst – Natur, Hobbies, Bewegung.

Jetzt denkst Du Dir vielleicht, bingo, Buchtitel erfüllt, musstest Du gar nicht das ganze Buch lesen und schon die erste Wirkung. Reicht schon, tschüssi.

Natürlich helfen die Sofortmaßnahmen sofort und ein Stück weit. Das Ziel ist ja aber auch, dass es Dir langfristig besser geht. Dass Du all die Zusammenhänge, die ich vorhin schon angerissen habe, für Dich nutzt um quasi den Mittelwert anzuheben, um den dein Wohlgefühl schwankt. Und dafür wärs schon nicht schlecht wenn Du noch weiter liest.

Und wenn Du jetzt keine Lust hast - geh duschen 😊

Noch etwas: Ich fasse mich ja wie gesagt gerne
kürzer als länger, d.h. ich gehe jetzt nicht darauf
ein, dass mehrmals tägliches langes Duschen
auch Wasser verbraucht, dass manche Hobbies,
z.B. Rauchen, auch Nachteile mit sich bringen
und natürlich kann es auch sein, dass es Dir nach
all den Sofortmaßnahmen immer noch nicht
besser geht.

Was ich allerdings hoffe ist, dass es vielen von
euch immer öfter damit besser gehen wird und,
dass es den allermeisten von Euch langfristig
besser geht wenn ihr das Sammelsurium aus
diesem Buch für Euch erweitert und auch an-
wendet.

Und nachdem es vorhin so oft um unser Unterbewusstsein ging, wollen wir natürlich wissen,
was tun? Unser UWE ist ja nun ausschlaggebend
für unser Wohlergehen. Also, im Folgenden ein

paar Möglichkeiten und Methoden um uns hinterrücks an UWE anzuschleichen und ihn abzumurksen. Beziehungsweise um diese große bestimmende Macht unseres Unterbewusstseins für uns zu nutzen, damit es uns möglichst positiv beeinflusst.

VISUALISIEREN

Wer kennt es nicht: wir haben einen Moment Ruhe und unsere Gedanken schweifen ab, dehnen sich aus, und wir sind in einem Tagtraum. Realistisch oder nicht, wir fühlen mit, wie bei einem Film, evtl. noch näher dran. Manchmal ist das wunderschön, manchmal störend, manchmal auch peinlich.

Wenn wir nun so und so öfter mal in unserem Kopf einen Film drehen und quasi im Kopfkino sitzen, dann können wir diese Momente auch wunderbar für uns nutzen und uns etwas vorstellen, das wir gerne in unser Leben ziehen möchten.

Unser Unterbewusstsein wird nämlich vor allem durch Bilder und Emotionen beeinflusst. Auch Gerüche. Also Sinneseindrücke. Keine logischen Argumente oder Schlussfolgerungen in dem Sinn. Erlebtes, erlebbares. Und, es kennt weder Raum noch Zeit. Wenn wir uns also etwas sehr intensiv vorstellen, dann weiß unser Unterbewusstsein nicht so genau ob das jetzt echt ist oder nicht. Wenn wir uns gerne schlimme Dinge vorstellen, wie Krankheiten, Unfälle, Untreue oder andere missliche Erfahrungen, dann wird das von unserem Unterbewusstsein ungefiltert aufgenommen. Und es richtet sich danach aus bzw. richtet es uns danach aus. Es lenkt also unbewusst unsere Handlungen so, dass unsere fiesen Vorstellungen möglichst real werden. Nicht weil es uns Böses möchte, einfach weil es so funktioniert. Zusätzlich gibt es noch andere Effekte, der Telepathie ähnliche Zusammenhänge, die eben auch bewirken, dass eine negative Grundeinstellung mehr Negatives anzieht – Murphys Law, hatten wir auch schon.

Wieso ich das jetzt nochmal wiederhole? Weil all diese Zusammenhänge ja nicht auf Negatives beschränkt sind. Ganz im Gegenteil. Wie bei Mathe und Physik und Chemie kann man damit viel Schlechtes und auch sehr viel Gutes bewirken. Es ist ein Werkzeug, das wir für uns nutzen können. Und zwar, indem wir uns Schönes vorstellen.

Denn, wenn wir einen neckischen Tagtraum vor uns hinträumen schleicht sich automatisch ein Lächeln auf unser Gesicht und es geht uns besser. Damit nicht getan. Wenn wir ganz konkret ein Ziel anvisieren, z.B. wenn wir eine ganz bestimmte Angst überwinden wollen, dann stellen wir uns täglich, am besten mehrmals täglich, die Situation vor, in der wir dies bereits geschafft haben. Angstfrei, sorgenlos, unbeschwert, voller Vertrauen. Dies braucht auch positive Formulierungen. Und egal wie unrealistisch und unlogisch wir dies mit unserem Verstand auch empfinden bzw. denken, wir stellen es uns vor.

Möglichst real, mit Gefühlen, Gerüchen, Kleinigkeiten. Wie ein Tagtraum eben. Und wenn wir dies oft genug machen, prägt sich dies in unser Unterbewusstsein genauso ein wie die schlechte Erfahrung, die sich damals, als wir uns noch gar nicht erinnern konnten, ebenso in unser Unterbewusstsein geprägt hat. Und die wird nun überschrieben, mit der positiven Vorstellung. Und das funktioniert, weil unser Unterbewusstsein eben alles aufnimmt, und nicht unterscheiden kann zwischen…. Ihr wisst ja Bescheid.

Zum einen kann man durch Vorstellungen eben Dinge anziehen, man kann sich aber auch ändern, da für das Unterbewusstsein diese Träume real wirken. Und wenn wir uns nun die nächste Stresssituation mit unserem Ex, Chef, Ex-Chef, Partner, Vater oder unserer Nachbarin, Tante, Geliebten, etc. vorstellen dann stellen wir uns z.B. einfach vor, wie wir anders reagieren. Nämlich nicht so wie sonst immer, sondern so wie wir gerne reagieren wollen würden. Auch wenn wir das im echten Leben nicht so gut hinbekommen, weil die Emotion in uns hochkocht. Aber in unseren Tagträumen sind wir Superman und Superwoman, da können wir das, und wie. Und wenn wir das 100mal geträumt haben nimmt es unser Unterbewusstsein als gegeben an und zack – klappts auch im echten Leben.

Das kann auch in Situationen funktionieren, in denen es nicht unbedingt unsere Reaktion ist, sondern unsere innere Stimmung. Beispiel Partnerschaft. Einer ist jeden Tag super lange in der Arbeit, der oder die andere kümmert sich zu Hause um alles und ist frustriert. Dieses Frustgefühl nun, das wollen wir weg haben, denn was wir aussenden kommt auch immer wieder zu uns zurück. Ein bisschen Frust um zu merken, dass es etwas zu ändern gibt – OK. Und das reicht dann auch.

Also, da ist er nun, der Frust. Was tun? Wir stellen uns einfach die Situation so vor, wie wir sie uns wünschen.

Das kann schon die erste Herausforderung sein – was wünsche ich mir denn überhaupt? Um im Beispiel zu bleiben: wünsche ich mir, dass mein Partner mehr zu Hause ist, auch wenn er/sie dann weniger verdient? Wünsche ich mir, selbst arbeiten zu gehen? Wünsche ich mir verständlichere Kommunikation? Ausgleichszeit am Wochenende? Möglichkeiten gibt es meist viele, und es ist gut sich diese vor Augen zu führen um selbst zu wissen wo wir überhaupt hin wollen. Wenn wir das dann wissen, können wir es wunderbar ins Visualisieren mit einbauen. Wenn nicht, auch OK, in erster Linie wollen wir ja aus der aktuellen Stimmungslage raus. Meist ist es gar nicht so sehr die äußere Situation, sondern unsere Stimmung in derselben, die uns stört. Wir könnten uns ja auch freuen, dass wir so viele Freiheiten haben und alles selbst entscheiden können solange der Partner arbeiten ist. Zum Beispiel. Hier hilft auch wunderbar ein Perspektivenwechsel, dafür gibt's ein extra Kapitel.

Manchmal merken wir auch selbst, dass wir emotional über reagieren und wissen nicht so recht wie wir da wieder raus kommen. Hier können wir z.B. eine kurze EFT Sequenz (anderes Kapitel) einbauen um die Wogen zu glätten. Dann stellen wir uns vor, wie wir es uns in diesem Moment wünschen. Ruhe, Frieden, Romantik, Abenteuer, gutes Essen, alles ist erlaubt und alles ist möglich. Das Stimmchen in unsrem Kopf, das uns vorgaugelt wie unrealistisch unsere Vorstellung sein mag, ignorieren wir einfach. Zur Not kommt die gute Fee und erfüllt uns alle Wünsche. Wir stellen uns also zum Beispiel vor, dass unser Partner jeden Tag Punkt 5 zu Hause ist und uns vieles abnimmt. Bei dieser Vorstellung fällt vielleicht schon der erste Brocken von unseren Schultern. Dann stellen wir uns noch vor, dass wir jedes Wochenende eine Auszeit für uns haben, nächster Brocken. Allein diese Vorstellung hilft uns also schon, uns besser zu fühlen. In diesem Beispiel kann es auch dazu führen, dass wir bessere Laune haben wenn unser Partner nach Hause kommt. Und plötzlich, wie aus dem Nichts, schlägt unser Partner vor, übers Wochenende weg zu fahren. Das löst zwar nicht unser primäres Problem, führt aber zu einem wunderschönen Wochenende. Weil man, wenn man in mieser Stimmung ist, kein Auge hat für all die vielen schönen Möglichkeiten am Wegesrand. Und unserem Partner geht es auch so.

Dazu gibt es noch andere, eher unsichtbare Fäden, die Menschen miteinander verknüpfen. Wenn man seine innere Einstellung dem anderen gegenüber ändert, kann es gut sein, dass dies auch bei dem anderen ankommt und derjenige uns gegenüber dann auch positiver gestimmt ist. Und dann auch mehr Blümchen am Wegesrand und Abzweigungen sieht als nur den Stau auf der Straße.

Und wenn es euch extrem unrealistisch vorkommt und es gar nicht geht, macht ein Spiel daraus und stellt euch das extreme Gegenteil vor. Zum Beispiel, ihr seid übergewichtig. Nun stellt euch das extreme Gegenteil vor, also zum Beispiel wie es wäre magersüchtig zu sein, die Leute kucken euch nicht mehr an weil ihr dick seid, sondern weil ihr heftig zu dünn seid. Oder, ihr seid immer gestresst, wisst gar nicht wohin zuerst, wann, mit wem und manchmal nicht mal warum, dann stellt euch vor ihr chillt Tag ein Tag aus am Strand auf einer Liege, habt schon das hundertste Buch durch und euch ist einfach nur mega langweilig. Als Start kann es eine Hilfe sein, sich erst mal eine extreme, unangenehme, gegenteilige Situation vorzustellen, dann muss man sich nicht erst raushieven aus dem Tief, man ändert nur die Perspektive. Als Anschwung für die Fantasie. Jede Änderung ist erst mal Überwindung.

Es klingt vielleicht im ersten Moment etwas verrückt sich ein extremes Gegenteil vorzustellen. Mir hat das schon oft geholfen wenn es mir schwer fiel mir ein normales, wohliges Bild hervorzurufen für eine Situation, die mir immer Unbehagen bereitet. Man weiß ja vielleicht einfach nicht, wie sich das anfühlt, Wohlgefühl beim Zahnarzt, oder Wohlgefühl im Bikini. Man weiß nur wie es sich anfühlt sich eben nicht wohl zu fühlen, und das kann man dann aunutzen. Im Beispiel Bikini fühl ich mich also zum Beispiel unwohl, weil ich zu dick bin, und stell mir dann vor, ich fühle mich unwohl, weil ich zu dünn bin. Das klappt manchmal besser, als sich ein Wohlgefühl vorzustellen. Und von diesem Extrem kann ich mich dann besser in die Mitte bewegen, zum Wohlgefühl. Oder beim Zahnarzt, ein extremes Gegenbeispiel wäre vielleicht, dass es uns so heftig langweilt, in diesem Stuhl zu sitzen, wir halten das einfach nicht mehr aus. Wir wollen einfach nur raus, soll er nur Bohren, alles, nur nicht diese Langeweile. Zum Beispiel.

Ich könnte jetzt noch ein Beispiel beschreiben, und noch eins, und noch eins.

Am allerbesten, ihr probiert es einfach aus.

Im Grunde hilft Visualisieren wunderbar, aus einer tiefen Stimmung herauszukommen, und es kann auch helfen, Lebensziele zu erreichen, oder Streitigkeiten zu beseitigen. Einfach, weil wir uns dadurch ändern können. Auch wenn ihr krank seid, stellt euch vor ihr seid gesund, das hilft eurem Körper. Wenn ihr euch zu dick fühlt, stellt euch vor ihr seid dünner. Wenn ihr immer müde seid, stellt euch vor ihr seid voller Energie.

Der Trick dabei ist, sich diese positiven Sachen vorzustellen, obwohl wir uns innerlich dagegen sträuben, weil es uns so unrealistisch erscheint, dass wir es uns so gar nicht vorstellen können oder gar wollen. Diese eine Hürde überwinden wir einfach, indem wir dran bleiben an der Vorstellung, erst mal nur für 2 Sekunden. Und wenn wir dann merken: „Oh, das war aber schön", dann klappt's beim nächsten vielleicht schon 10 Sekunden, und irgendwann schwelgen wir 10 Minuten lang in Wohligkeit.

VERGEGENWÄRTIGUNG

Vergegenwärtigung und Visualisieren gehen Hand in Hand. Vergegenwärtigung bedeutet, dass wir alles, was wir unserem UWE mitteilen möchten, also Vorstellungen, Gefühle, Zustände, etc. für uns möglichst so real wie möglich realisieren. Also zum Beispiel, dass wir jetzt in diesem Moment reich sind. Und nicht, dass wir reich werden, wenn wir XYZ schaffen oder wenn XYZ eintritt. In ersterem Fall übermitteln wir unserem UWE, dass wir bereits reich sind, und entsprechend, wenn alles gut läuft, ziehen wir mehr Geld in unser Leben. In zweiterem denkt sich UWE, OK, jetzt im Moment warten wir also noch auf den Reichtum und dann wird eben dieses Warten auf Reichtum in unser Leben gezogen.

Hier geht es also auch um Feinheiten, und auch um etwas Übung. Oft merken wir nämlich selbst gar nicht, wenn wir uns, um im Beispiel zu bleiben, Reichtum vorstellen, dass wir automatisch davon ausgehen „wenn ich erst, dann..." und uns dann quasi auf etwas freuen, was irgendwann kommt. Dann konzentriert sich unser Unterbewusstsein eben auf die Vorfreude auf den Reichtum und nicht aufs reich sein. Selbiges gilt auch für die Liebe. Wir denken, wir müssen erst Jemanden kennen lernen, und dafür vielleicht erst ein Profil erstellen auf einer Dating Plattform oder erst mal zum Frisör oder weiß der Geier was wir zuerst machen müssen bevor wir bereit sind geliebt zu werden. Und dann ist es natürlich schön wenn es so weit ist. „Wenn es so weit ist" ist aber auch der Haken, das geht eins zu eins ins Unterbewusstsein, also sind wir erst dann glücklich in der Liebe „wenn es so weit ist", und das ist ja also nicht jetzt und folglich bleiben wir in der Warteschleife. UWE kennt nur das Jetzt. Wir üben uns also im Vergegenwärtigen, auch wenn wir womöglich wieder innere Stimmen haben, denen das zu unrealistisch ist. Aber dafür haben wir ja Fantasie, und wenn wir sie nicht haben, üben wir auch das. Wir stellen uns also vor, wie sich das anfühlt, wenn wir jetzt in diesem Moment, also genau jetzt, in dieser Sekunde, während wir hier sitzen oder Auto fahren, ultra reich sind. Sind wir schon. Jetzt. Oder, wir haben genau jetzt die Liebe für uns gefunden, fühlen uns angenommen und angekommen und Partnersuche brauchen wir nie wieder. Während wir jetzt gerade unser Brot mit Butter bestreichen ist das schon so. Und dieses Gefühl – reich oder liebend – sendet UWE dann für uns raus und alles was dazu passt kommt zu uns. So die Theorie, und jetzt ran an die Praxis!

AFFIRMATIONEN

Um unser Unterbewusstsein zu beeinflussen gibt es verschiedene Methoden und hier kommt gleich die Nächste 😊

Affirmationen, das sind positive Sätze, die wir wiederholen, in unseren Gedanken, leise vor uns hin flüstern, laut in die Welt schreien, auf Zettel schreiben, mit Lippenstift an den Spiegel schreiben, oder in unseren eigenen Newsletter an uns selbst schreiben....

Diese positiven Sätze müssen nicht in erster Linie logisch nachvollziehbar und für jedermann sofort verständlich sein, sie müssen mit uns resonieren. Das heißt, sie wirken am besten für uns, wenn in unserem Inneren eine positive Reaktion fühlen wenn wir diese Sätze hören/sehen/sprechen.

Dabei gibt es aber auch einiges zu bedenken. Zum einen, und es kann sein, dass ich das bisher noch nicht näher erwähnt habe, ist es so, dass unser UWE leider keine Verneinungen versteht. Das umschließt alle Formulierung, die verneinend wirken. Also z.B. auch die Lieblingswörter von vielen: „nicht" oder auch „kein". „Lieblingswörter", weil für die allermeisten Menschen, zumindest die, die ich in meinem Leben bisher so kennengelernt habe, gibt es eine Gemeinsamkeit. Alle wissen ganz genau, was sie nicht wollen. Man will nicht mehr soviel arbeiten, man will sich nicht mehr ärgern, man hat keinen Bock mehr auf Stress, immer das gleiche, das wollen wir einfach nicht mehr. Das sagen wir uns oftmals gerne vor, und unser Unterbewusstsein hört zu und bei jedem „nicht" und „kein" hört es nur „piep". So wie Schimpfwörter im Fernsehen ausge-piept werden, so piept unser Unterbewusstsein Verneinungen aus. Und dann wird aus „das möchte ich nie wieder erleben" ein „das möchte ich piep wieder erleben", und unser UWE denkt sich dann, ah, wieder erleben, okidoki, machen wir. Das ist natürlich unpraktisch für Affirmationen, weil das bedeutet, dass es piep ausreicht sich vorzusagen was wir piep mehr wollen, sondern wir müssen uns jetzt tatsächlich doch mal überlegen was wir denn eigentlich wollen. Wenn wir also piep mehr soviel arbeiten wollen, was wollen wir dann? Einfach weniger arbeiten? Was anderes arbeiten? Mehr Spaß haben am Arbeiten? Woanders arbeiten? Keinen Stress mehr …. Äh weniger Stress? Und da haben wir auch schon den ersten Trick 😊 Wir wollen also irgendetwas auf keinen Fall nochmal, nicht mehr, nie wieder, pieppieppieppieppiep…. Wollen wir vielleicht einfach weniger? Weniger Stress, weniger Angst, weniger Krankheit, weniger Streit? Das kann also ein erster Versuch sein, wenn wir wirklich einfach nur wissen was wir vermeiden wollen, dann formulieren wir dies um, mit „weniger", „vermeiden", etc.

Das funktioniert, aber, damit reizen wir nur einen Bruchteil dessen aus, was mit Affirmationen möglich ist. Wir haben zwar jetzt eine negative Formulierung in eine positive umgewandelt, aber wir beschäftigen uns immer noch mit einer Thematik, die uns runter zieht. Wir fokussieren uns also auf weniger Angst – aber immer noch auf Angst, auf weniger Stress – aber immer noch auf Stress, etc. Das macht uns zwar stärker, weil wir uns gegen etwas entscheiden, aber wenn wir uns bewusst FÜR etwas entscheiden, zum Beispiel also Entspannung statt Stress, dann wirkt das in uns viel positiver und beschwingender nach. Gleich sofort mal ausprobieren: „Weniger Stress", ein paarmal vorsagen, und dann: „mehr Entspannung" ein paarmal vorsagen – was fühlt sich besser an? Welche Bilder kommen dann in unserem Auge vor? Bei mir z.B. kommt bei „weniger Stress" einfach ein Stressgefühl, aber ein kleines. Bei „mehr Entspannung" sehe ich mich in einem Wellnesstempel auf einer Liege, super entspannt und glückselig. Das ist schon ein Unterschied.

Die Sätze, die wir uns vorsagen, wirken also nicht nur logisch, oder auf unser Unterbewusstsein, sie beeinflussen auch unsere Gefühlswelt. Das ist toll, das machen wir uns gleich zu nutze. Wir suchen uns nämlich Sätze, mit denen wir uns möglichst gut fühlen. Und das ist auch gemeint mit Resonanz, die Sätze resonieren mit unseren Gefühlen, und manche Sätze, die logisch gesehen genau das beschreiben, was wir wollen, wirken gar nicht auf uns, und wenn wir den Satz etwas umformulieren, wirkt er plötzlich. Ein Beispiel aus eigener Erfahrung. Ich habe mich ziemlich lange in meinem Leben immer klein gefühlt anderen gegenüber. Manchmal auch als erwachsene Frau wie ein Mädchen. Also wäre mein erster Satz so etwas wie „Ich bin groß" bzw. „Ich fühle mich groß". Diese Sätze funktionieren leider nicht, weil wir uns oder unserem Unterbewusstsein nicht einfach vorschreiben können wie wir uns fühlen. Leider ein Knackpunkt. Es ist also schon etwas mehr tricky als man so denkt. Der Satz, der gut mit mir resonierte, war dann „Ich erlaube mir mich aufzurichten". Da sind zwei wichtige Aspekte versteckt. Nummer 1: ich beschreibe keine Zustände, also weder „ich bin" oder „ich fühle", sondern Aktionen, „ich erlaube" oder „ich richte mich auf". Wir können nicht einfach so ändern wie wir uns fühlen, aber wir können ändern was wir tun, also in meinem Fall erlauben und aufrichten, das geht gut. Nummer 2: Ich erlaube mir etwas. Wieso muss ich das? Weil ich da wohl einen Glaubenssatz hatte, dass ich gar nicht groß sein darf, wieso auch immer. Also selbst wenn ich mich überzeugen kann, mich aufzurichten und groß zu sein, kann ich das nicht voll ausschöpfen, weil ich gleichzeitig das Gefühl habe das gar nicht zu dürfen. Und uns selbst die

Erlaubnis zu erteilen etwas tun zu dürfen, was wir vorher noch nie getan haben, das kann ein sehr heilsames, wirkungsvollen und effektives Attribut für unsere Heilsätze sein.

Auf der Suche nach den richtigen Sätzen kann das Internet eine große Hilfe sein, man kann sich aber auch einfach selbst einen Satz bauen. Das erfordert manchmal ein paar Modifikationen. Ich habe das mal versucht mit einem Satz, der mir schlussendlich sehr geholfen hat. Mir ging es darum, dass ich in Gesprächen, meist Konfliktgespräche, oftmals nicht die richtigen Worte fand um auszurücken, was ich meine, ohne den anderen anzugreifen. Bei der Entwicklung des Satzes kamen dann so einige weitere Glaubenssätze hoch, was ich sehr interessant fand damals, deswegen nehme ich dies jetzt als Beispiel mit rein:

Erste Variante:

Ich kann für jede Situation und jedes Gegenüber die passenden Worte finden

Ich gleich so: Worte wofür eigentlich?

Ich kann für jede Situation und jedes Gegenüber die passenden Worte finden um jegliche Situation zu meinen Gunsten zu beeinflussen

…ist das nicht zu egoistisch?

Ich erlaube mir Situationen zu meinen Gunsten zu beeinflussen

…ist das wirklich OK? Hm, Ich bau noch „zum Wohle aller" mit ein…

Ich kann für jede Situation und jedes Gegenüber die passenden Worte finden um sie zum Wohle Aller und Steigerung meines Wohlbefindens zu beeinflussen

…schon besser, aber beeinflussen, das ist mir irgendwie zu manipulativ….

Jegliche Situation und jegliches Gegenüber kann ich durch meine Worte zum Wohle Aller und Steigerung meines Wohlempfindens mitgestalten

Damit war ich dann zufrieden, das hat mir auch sehr gut getan. Ein etwas holpriger Satz, aber für mich hat das in diesem Moment gut funktioniert.

Einmal hatte ich auch eine eher witzige Erfahrung mit einer Affirmation, die ich im Internet gelesen hatte:

Ich ziehe immer das an, was mir gut tut.

Da dachte ich mir, wie cool, das stimmt, wenn man etwas anhat, in dem man sich nicht wohl fühlt, das beeinflusst einen ja ziemlich. Und manchmal fühlen wir uns ja auch gleich besser, wenn wir zum Beispiel was Schickeres oder auch was richtig bequemes anziehen. Toller Satz, dachte ich mir. Dann ging der Satz weiter:

Ich ziehe Situationen und Personen an, die gut zu mir passen

Da hatte ich dann erst mal eine Lachsalve.

WIEDERHOLUNGEN

Eine ganz wichtige Sache, die ausschlaggeben dafür ist, dass unsere Bemühungen auch mit Erfolg gekrönt werden, ist: wiederholen.

Von einer Affirmation, die wir uns einmal vorsagen, wird sich nichts ändern. Auch eine Visualisierung, die wir einmalig für 10 Minuten durchführen, auch wenn sie noch so intensiv und wunderbar ist, wird nichts ändern. Wir müssen das, was wir uns vornehmen, wiederholen. Immer und immer wieder. Weil nur wenn wir unsere Visualisierungen und Affirmationen immer und immer wieder anwenden wird es erst so richtig wahrgenommen von unserem Unterbewusstsein. Wahrgenommen als Gegebenheit, als etwas, das wirklich da ist, und nicht nur kurz da ist und wieder verschwindet. Einmalige Affirmationen oder Visualisierungen sind schön und angenehm und wirken natürlich in dem Moment auch auf unser Unterbewusstsein, aber dann sind sie weg und kommen nie wieder und das wars dann auch. Also was auch immer wir in unserem Unterbewusstsein ändern wollen, wir müssen konsequent dran bleiben. Wir können uns ja auch erst mal zum Beispiel eine Woche vornehmen. Eine Woche lang jeden Tag dreimal vorsagen oder schreiben oder denken oder uns lebhaft vorstellen. Und dann, wenn das gut funktioniert hat, noch eine Woche. Und dann noch eine. Und dann, wenn wir es drei Wochen lang geschafft haben… was heißt geschafft haben. Es soll ja im Idealfall keine Überwindung sein, kein ich-muss-jetzt-leider, sondern etwas, das wir gerne tun. Wenn wir das nun also drei Wochen lang genossen haben, dann ist es auch in unserer Gewohnheit und im Unterbewusstsein angekommen, dass es jetzt eben etwas

Neues in unserem Leben gibt, das OK ist und uns gut tut. Änderungen mag unser UWE nämlich gar nicht. Bisher haben wir überlebt, auch wenn es uns vielleicht nicht gut dabei ging, aber wir haben überlebt, das funktioniert, das wissen wir 100%, also lieber nix ändern, wer weiß ob wir überleben wenn wir uns plötzlich besser fühlen. Das klingt paradox, ist aber ein massiver Schutzmechanismus unseres Unterbewusstseins. Wenn wir drei Wochen lang etwas wiederholen und überleben reicht dies aus, um unserem UWE zu zeigen, alles gut, wir leben noch, obwohl wir weniger Angst haben zum Beispiel, und dann ist das auch akzeptiert.

PERSPEKTIVENWECHSEL

Manchmal fühlen wir uns wie gefangen in einer Situation. Oft Situationen, die sich wiederholen. Immer das gleiche, denken wir uns dann. Und fühlen uns immer gleich. Meistens irgendwie scheiße. Traurig, verlassen, ängstlich, wütend, alles dabei.

Ein paar der hier beschriebenen Methoden können in diesen Situationen helfen uns raus zu hieven, und hier kommt noch eine Methode, die unter Umständen auch noch Spaß machen kann.

Jeder reagiert ja anders. Tante Emma würde in der gleichen Situation anders reagieren als unser gechillter Kumpel Fridolin oder unsere resolute Freundin Karla. Der Grund, wieso wir in dieser Situation so reagieren wie wir das eben tun, liegt also in uns drin, und nicht im Gegenüber oder der Umgebung. Und das können wir uns zunutze machen, in dem wir unsere Perspektive ändern. Wir stellen uns einfach vor, wie Tante Emma, Kumpel Fridolin oder Freundin Karla in der gleichen Situation reagieren würden. Möglichst bildhaft und genau. Und wie sie sich dabei fühlen. So als wäre es ein Roman oder ein Film, bei dem man beim kucken oder lesen emotional in verschiedene Rollen schlüpft. Und so kriegen wir einen Geschmack davon, wie es sich anfühlen kann, in der Situation, die uns immer wieder triggert, einfach anders zu reagieren. Sobald wir eine Ahnung von diesem Gefühl haben, können wir damit weiter arbeiten. Und, uns erst mal auf die Schulter klopfen und freuen, dass wir es geschafft haben uns anders zu fühlen als sonst. Egal wie lange dieser Effekt andauert. Jede Sekunde zählt.

Das funktioniert natürlich nicht nur mit Tante Emma, Kollegen oder Freundinnen. Wir können uns auch einfach eine fiktive Person vorstellen, die genauso reagiert wie wir das gerne täten, oder einfach mal ausprobieren würden. Dabei ist auch unserem Humor keine Grenze gesetzt. Im realen Leben würden wir evtl. nicht heftig witzig, extrem und überzogen reagieren. Aber alleine die Vorstellung hilft uns, aus unserer angewöhnten Rolle zu schlüpfen und uns etwas besser zu fühlen.

Und nun, höre und staune, diese Methode funktioniert auch mit unserem Gegenüber. Jawohl. Unser Gegenüber hat nämlich auch Gefühle. Und, er oder sie kann auch in verschiedenen Situationen unterschiedlich reagieren. Und auch das können wir uns super vorstellen. Feuer frei fürs Visualisieren!

Zum Beispiel, eine typische Stress Situation in Beziehungen. Die eine Seite fühlt sich im Stich gelassen, die andere Seite fühlt sich kontrolliert.

Nun versucht die sich im Stich gelassene Person, sich zum Beispiel vorzustellen, dass sie eigentlich froh ist, endlich Ruhe zu haben und sich alleine und selbstbestimmt kümmern zu können. Dann stellen wir uns noch vor, dass es einfach harmonisch abläuft mit der Kontroll-Angst Person, die sich plötzlich nicht mehr kontrolliert fühlt, sondern total das Verständnis entwickelt. So also unsere Vorstellung, möglichst realistisch, einschließlich aller schönen dazu gehörigen Gefühlsregungen. Und hurra, schon geht es uns ein bisschen besser. Und dank all der dazugehörigen und vernetzenden Effekte, ist die Wahrscheinlichkeit gar nicht so klein, dass wir durch diese Vorstellung – also dem Perspektivenwechsel – auch eine Änderung im wahren Leben erreichen.

Ein Beispiel aus dem Alltag, das aus eigener Erfahrung Wunder wirken kann. Es gibt bei den alltäglichen Aufgaben ja manches, was tendenziell eher Grausen auslöst als Vorfreude. Putzen,

Bügeln, Abspülen, Aufräumen, Kochen, alles mögliche. Selbiges löst aber bei anderen Freude aus. Es gibt Leute, die leidenschaftlich gerne Fenster putzen. Oder leidenschaftlich gerne kochen. Oder abspülen und dabei ihren Gedanken nachhängen und Schaum in die Luft pusten. Wenn wir also eher zur Graus-Fraktion gehören, dann können wir versuchen uns vorzustellen, wie sich wohl Jemand fühlt, der gerne Essen plant, dafür gerne einkauft, und dann auch noch gerne kocht. Oder wie sich Jemand fühlt, der freudestrahlend morgens aus dem Bett hüpft und dem der Wecker gar nicht früh genug klingeln kann. Dieses Gefühl ist uns vielleicht erst mal fremd wenn wir eher die Koch- und Frühaufstehmuffel sind. Wenn wir uns nun aber gedanklich in Jemand anderes versetzen und dieses neue Gefühl auch fühlen können, und wir das öfter und öfter machen, dann gärt dieses Gefühl in uns weiter und prompt stehen wir zumindest vielleicht einmal die Woche morgens gerne auf oder fangen an mit etwas mehr

Freude den Kochlöffel zu schwingen. Dieses Beispiel lässt sich natürlich auf verschiedenste Situationen und Gefühle anwenden und im Eigenversuch beliebig ausbauen. Das einzige, was man dafür tun muss, ist, es tun. Machen, ausprobieren, beobachten.

INNERES KIND

Und endlich kümmern wir uns auch um unser kleines Ich. Unser zweijähriges, fünfjähriges, achtjähriges Ich. Und alle dazwischen und danach auch.

Wie wir wissen, werden wir vor allem in unseren frühen Jahren unbewusst geprägt, weil unser Unterbewusstsein wie ein offenes Buch ist, und alles, was wir erleben, sofort rein geht.

Es gibt mittlerweile sehr viele Bücher, Tutorials, Kurse, Therapien und Therapeuten, die sich mit dem inneren Kind auseinander setzen. Hier gebe ich einen kleinen Einblick in Methoden, die ich selbst ausprobiert habe. Und wenn ihr feststellt, dass die Arbeit mit eurem inneren Kind für euch funktioniert, dann vertieft das einfach.

Verstehen und verzeihen

Ich habe viel mit meinen Eltern gehadert, aufgrund der Sachen die sie getan oder eben nicht getan haben. Zum Beispiel wurden wir als Kinder nie umarmt, nur zu Geburtstagen, Weihnachten und Ostern. Und wir wurden relativ oft geschimpft. Das hatte zur Folge, dass ich auch als Erwachsene immer Angst davor hatte geschimpft zu werden, also etwas falsch zu machen, und sobald Jemand anderer Meinung war als ich, oder etwas anders gemacht hat als ich, war für mich reflexartig sofort klar, der andere hat recht. Ich trage auch schon mein ganzes Leben lang das Gefühl mit mir rum, erst mal nicht erwünscht und gewollt zu sein. Wenn ich in einer Gruppe bin, muss ich erst für mich eruieren ob ich denn erwünscht bin, dafür entwickelt man ja zwangsweise viel Feinfühligkeit, und nur dann fühle ich mich wohl genug um zu reden und Witze zu machen. Das mal nur als Beispiel, es gibt natürlich noch etliches mehr was ich oder was ihr erlebt habt, was uns alle enorm prägt. Das hat mich also geärgert und ich war wütend auf meine Eltern. Irgendwann habe ich angefangen zu überlegen warum sie denn so sind. Und wie sie selbst aufgewachsen sind. Bei meinen Eltern war es ganz normal, dass sie von ihren Eltern geschlagen wurden. Mal mehr mal weniger, aber Ohrfeigen waren an der Tages-ordnung. Umarmungen waren ein Fremdwort, für das Zeigen von Zuneigung war kein Platz. Relativ zu ihrer eigenen Kindheit haben sich meine Eltern enorm geändert und entwickelt und haben sich uns gegenüber viel wohlwollen-der und liebevoller verhalten, als sie das selbst kannten aus ihrer eigenen Kindheit. Allein die-ses Erkennen hat mir schon sehr versöhnt. Ich hatte auch immer die Sorge, ob ich wohl über-haupt mein eigenes Kind in den Arm nehmen könnte wenn ich das nie gelernt habe und mich damit vielleicht komisch fühle. Das war Gott sei Dank kein Problem, wir sind selbsterkorene Weltmeister im Knuddeln. Also wie bei vielem, hilft es enorm, gewisse Selbsterkenntnisse oder auch generell Erkenntnis zu sammeln. Dann habe ich was ausprobiert.

Ändern was war

Ich habe mich einfach gefragt, wie würde es mir jetzt wohl ergehen, wenn ich Erinnerungen daran hätte wie sich meine Eltern anders verhalten haben als sie es tatsächlich taten. Zum Beispiel, wie mich meine Eltern unterstützen und mir sagen, dass ich etwas wirklich gut kann, wie sie mich in den Arm nehmen, Stolz auf mich sind, mir Streitsituationen erklären und Verständnis für mich haben. Zum Beispiel: ich habe mich verletzt, weil ich gestürzt bin. Mein Vater war sofort wütend, nicht auf mich, er hat sich geärgert, weil ich verletzt war, daher wusste ich schon, dass er mich liebt und sich um mein Wohlergehen sorgt, aber seine Reaktion hat mir nicht wirklich geholfen, eher im Gegenteil, ich habe immer versucht Verletzungen zu verheimlichen. Jedenfalls habe ich mir vorgestellt, dass ich tröstend in den Arm genommen wurde, dass jemand auf meine Wunde pustet, mich tröstet, erklärt wie das passieren konnte, dass das ganz normal ist, was ich vielleicht machen kann damit das nicht mehr passiert, irgendwas nettes halt. Und schon hatte ich ein Wohlgefühl mehr im Herzen. Anderes Beispiel. Ich musste mich ab einem gewissen Jahrgang alleine um schulische Entscheidung und meinen Weg kümmern. Also Französisch oder Latein, Wirtschaftszweig oder Naturwissenschaften, Studieren oder nicht Studieren, wo Studieren, alles. Damit hatte ich mich irgendwann abgefunden und es war – dachte ich – OK. Aber immer alles alleine entscheiden und bewältigen, das war nicht immer schön. Also stellte ich mir vor, was gar nicht so einfach war, dass meine Eltern mit mir besprochen haben welche Wege mir offen stehen, was meine Talente und Interessen sind, wie sie mir helfen können, ... Da brauchte ich etwas Übung, weil ich wusste anfangs gar nicht was Eltern denn überhaupt tun oder sagen wenn sie einen aktiv unterstützen. Eine Freundin im Studium erzählte mal ganz selbstverständlich wie sie sich mit ihrer Mutter über ihren Prof unterhalten hat. Meine Eltern konnten sich gerade mal so merken was ich studierte, geschweige denn meine Fächer oder gar die Profs der Lehrstühle. Ich habe also versucht mir diesen Aspekt meiner Vergangenheit so vorzustellen wie ich es mir gewünscht hätte und mit dieser Vorstellung im Rücken habe ich mich sofort stärker, sicherer und geborgener gefühlt, so wie sich wohl Menschen fühlen, die erfolgreich durchs Leben gehen. Ich mache das – leider – nicht oft und ich kann für mich nicht definitiv sagen, dass mich diese Methode langfristig positiv beeinflusst hat, das liegt aber an mir. Ich kann wohl sagen, dass ich kurzfristige Effekte merke. Würde ich es jeden Tag machen, sprich wiederholen, und mir gut visualisieren, hätte ich tatsächlich eine neue

Erinnerung gepflanzt. Das klingt so gut, ich mach das gleich mal.

Um unser Kind kümmern

Eine andere Methode ist, mit unserem inneren Kind in Kontakt zu gehen. In einer Situation, in der wir z.B. traurig waren, stellen wir uns vor wie wir unser kleines trauriges Selbst in den Arm nehmen und trösten. Oder auch ohne konkrete Situation aus der Vergangenheit – wir werden ja oft genug getriggert. Da weint, schreit oder fürchtet sich unser inneres Kind. Ideal, um mal mit ihm zu reden. Zu fragen warum es so reagiert, erklären, dass es z.B. keine Schuld hat, dass alles okay ist. Wir werden wissen was wir uns sagen wollen und was wir als Kind hören möchten oder auch hören müssen. Wir können auch immer mal zwischendurch kurz Hallo sagen. Oder auch mit einem Kompliment. Gerade z.B. in der Teenager Zeit ist es einmal ja sehr wichtig gut anzukommen und schön zu sein, dabei sind wir oft unser stärkster Kritiker und

denken dann vielleicht, wir sind nicht gut genug. Und prompt denken wir unser ganzes Leben lang wir wären zu hässlich. Also sagen wir
unserem innerem Kind und Teenager wie schön
wir sind.

GEFÜHLE WOLLEN GEFÜHLT WER-DEN

Niemand fühlt sich gerne mies, da sind sich wohl alle einig. Aber, nur wenn es uns mies geht, merken wir, was uns eigentlich tief im Inneren beschäftigt und vom Glücklich-sein abhält.

Manchmal muss man erst durchs Tal bevor man den Gipfel erklimmt. Etwas abgedroschen, stimmt aber meist.

Wenn also beim nächsten Mal unser inneres Kind oder unser Unterbewusstsein oder sonst Jemand in uns drin getriggert wird und wir uns mies fühlen – damit meine ich jetzt auch wütend, ängstlich, traurig, alles was wir nicht fühlen wollen – und wir schauen einfach weg und drücken es weg, dann können wir dieses Gefühl vielleicht in diesem Moment kontrollieren, aber dann kommt es wieder. Und wieder. Und wieder. Bis wir es uns anschauen. Und fühlen. Und – beobachten.

Zum Beispiel, eine Situation mit unserem Partner, die immer wieder kommt, macht uns immer wieder traurig. Dann können wir uns einfach entspannt irgendwo hin setzen, entspannt ein und ausatmen, die ganze Zeit, nicht aufhören, und die Traurigkeit fühlen. Richtig reingehen. Beobachten, wo wir das genau spüren im Körper. Man fühlt Gefühle ja nicht nur im Kopf oder im Herzen, man fühlt mit dem ganzen Körper. Diese Trauer fühlen wir dann z.B. im Hals, in den Schultern, im Bauch, irgendwo wird sie sein. Und während es uns – leider – so richtig mies geht mit dieser Trauer, atmen und beobachten wir einfach weiter. Und vielleicht erinnern wir uns auch an Situationen von früher, wo es uns genauso ging. Vielleicht verstehen wir dann auch, warum das Ganze uns so traurig macht. Weil, Jemand anderes in dergleichen Situation würde das Ganze vielleicht eher wütend machen, oder ängstlich. Und wir sind halt traurig. Und das macht nichts. Das heißt wir bewerten nicht, wir denken nicht nebenbei wie gut oder schlecht das vielleicht ist, wir denken gar nicht, wir fühlen nur. Und atmen. Und mit der Zeit wird das Gefühl leichter. Und wenn nicht, machen wir das in ein paar Tagen wieder. Alleine dadurch, dass wir uns erlauben so zu fühlen und dieses Gefühl annehmen statt es weg zu drücken, alleine dadurch kann schon ein Heilprozess gestartet werden. Und wenn wir dann auch noch fühlen und beobachten kann uns dieses Gefühl, das in dieser bestimmten Situation ausgelöst wird, endlich verlassen.

Man kann sich das so vorstellen: Gefühle sitzen tief in uns und wollen raus. Wenn wir sie jedes

Mal wenn sie hochkommen wegdrücken, werden sie wieder in uns eingesperrt und werden immer stärker, dichter, größer. Wenn wir sie fühlen, kämpfen sie sich quasi durch uns hindurch nach draußen. Irgendwie auch wie eine Geburt. Oder Geburtswehen. Und dann wird dieses in uns eingeschlossene Gefühl immer leichter, kleiner, lichtvoller. Bis es irgendwann gar nicht mehr da ist oder nur noch selten Hallo sagt.

Zum einen ist es super zu beobachten in welchen Situationen wir uns schlecht fühlen, weil wir dann wissen, dass wir noch das ein oder andere Thema haben, an dem wir arbeiten können. Wir wollen uns ja schließlich immer gut fühlen.

Zum anderen ist es dann auch hilfreich dieses Gefühl in Ruhe zu vertiefen und quasi zu analysieren. Wir fühlen das Gefühl, beobachten, wo im Körper wir das wahrnehmen und ob Erinnerungen auftauchen. Wir atmen. Und wir erlauben dem Gefühl erst mal da zu sein, gefühlt zu werden, und dann darf es auch gehen. Mit der Zeit weniger werden. Das muss man geschehen lassen.

GEDANKENBEOBACHTUNG

Wenn wir einen schlechten Gedanken denken fühlen wir automatisch auch ein schlechtes Gefühl. „Schlecht" relativ aus unserer individuellen Sichtweise betrachtet. Nicht alle „schlechten" Gefühle sind wirklich schlecht, sie helfen uns ja uns weiterzuentwickeln oder auch etwas in unserem Leben zu verändern, womöglich sogar uns selbst zu verändern, woohooo. Und um so weit zu kommen, dies zu erkennen, ist es wichtig, erst mal zu merken, was wir eigentlich den ganzen lieben langen Tag lang so vor uns hindenken.

Oft sind das Sätze wie „das wird eh wieder nix", „ich bin viel zu dick", „mich mag eh keiner",

„ich bin halt zu blöd". Unsere Glaubenssätze also, die wir eigentlich gar nicht haben wollen. Es müssen aber nicht immer Glaubenssätze sein, manchmal sind wir einfach nur pessimistisch. Oder haben es uns antrainiert, uns immer die schrecklichste Schreckensversion vorzustellen. So oder so, diese Gedanken setzen sich in uns fort und erzeugen ein mieses Gefühl. Ein Magendrücken, Ziehen in der Leber, Kloß im Hals. Und weil wir uns dann scheiße fühlen, verhalten wir uns entsprechend unseren Mitmenschen gegenüber und uns selbst gegenüber, Selbstfürsorge war gestern, unser Unterbewusstsein folgt dem was wir vorgeben, und schon sind wir in der Kack Spirale.

Und mit eine wenig Übung passiert folgendes: Wir merken was los ist, wir riechen quasi die Kack Spirale. Dann gehen wir unserem Gefühl auf den Grund – war da vielleicht eine blöde Situation, die das ausgelöst hat? Oder kam das einfach so? Was fühlen wir überhaupt genau und wo? Und plötzlich passiert das Ganze nicht mehr im Hintergrund. Unsere Gedanken und Gefühle regieren uns nicht mehr als graue Eminenzen im Hintergrund, sondern sitzen quasi auf dem Verhörstuhl, im Spotlight, alle Lichter drauf, alle Augen kucken hin, alle Ohren hören gespannt zu, alle Zellen fühlen was los ist. Und da fangen die grauen Eminenzen an, ganz unruhig auf ihrem Sitz hin und her zu rutschen, weil so war das nicht geplant. Mit voller Aufmerksamkeit kann man nicht gut manipulieren als graue Eminenz, das haben die sich anders vorgestellt. Erst sitzen sie das noch aus, weil erfahrungsgemäß dauert das Verhör nicht lange, aber mit der Zeit wird das Verhör immer intensiver und immer häufiger und irgendwann kündigen die grauen Eminenzen und unsere uns runterziehenden Gedanken und Gefühle nehmen reiß aus. Und wir können uns endlich wieder schön fühlen, uns um uns kümmern, uns wohl fühlen und an uns glauben. Was wir halt so brauchen. Und wenn wir einmal damit anfangen, bemerken wir immer öfter Gedanken, die wir lieber nicht denken möchten und das wird eventuell zu einer Gewohnheit, die uns jeden Tag ein Stück weiterbringt :) Und weil wir immer geübter werden im Gedankenbeobachten geschieht der ganze Prozess immer schneller und leichter.

POSITIVER INPUT

Kanäle, Podcasts, positive Mensch in der Umgebung, Bücher, …

Was schlecht ist fällt uns ja ganz schnell und ganz leicht ein, aber was alles Gut sein kann an unserer Situation, wie man den Blickwinkel ändern kann, dafür brauchen wir manchmal Input von außen. Und auch hier müssen wir nicht auf den Zufall warten, dass bei einer Bushaltestelle eine weise, alte, humorvolle Frau neben uns sitzt und uns was vom Leben erzählt. Wir können z.B. mal überlegen, wie gefällt uns Input am besten? Also hören wir gerne, lesen wir gerne, kucken wir gerne – und dann suchen wir gezielt mit Schlagwörtern wie „positiv, Freude, Liebe, blabla, Schokolade, Prosecco, äh Moment falsches Ebook… usw". Irgendwie kann man sagen, wir bilden uns weiter, einfach für uns und unser Wohlbefinden.

Mittlerweile ist es ja auch so, dass die wenigsten einfach ruhig sitzen und vor sich hin kucken können, oder den Gedanken nachgehen, oder einfach nur Sein. Durch die permanente Chance unterhalten zu werden, indem wir eben aufs Smartphone kucken, sind wir gar nicht mehr gewohnt ruhig zu sitzen. Natürlich ist es super, sich das wieder anzugewöhnen. Einfach mal mit sich sein, das kann wunderbar sein. Es ist auch erstaunlich, was man alles für Gedanken und Visionen hat, wenn man einfach mal sitzt und nichts weiter tut. Aber, wenn das in dem Moment einfach wirklich nichts für uns ist, und wir unbedingt aufs Handy kucken wollen, dann können wir uns einfach, ich sag mal, Informationskanäle suchen mit positiver Message. Also was gibt es alles - YouTube, Instagram, Podcasts, Tictoc, E-Books,

Blogs, etc. - der Filter gibt uns ja eh mehr von dem was wir suchen, dann können wir doch einfach positive Schlagwörter suchen und kucken, was uns die Medienwelt so vorschlägt. Und dann lassen wir uns entspannt mit positivem Input berieseln. Und staunen vielleicht, was noch alles möglich ist, für uns und unser Leben. Eine wunderbare Gelegenheit, den eigenen Horizont zu erweitern und sich in eine positive Stimmung versetzen zu lassen. „Zu lassen", weil viel müssen wir selbst gar nicht dafür tun, außer das richtige für uns suchen. Und schlussendlich gefällt uns das dann vielleicht tatsächlich besser als das 123. Katzenvideo.

FREQUENZEN

Unser Körper und unsere Emotionen reagieren auf Musik und auch auf bestimmte Frequenzen. Als Beispiel der Klassiker: wir sind im Auto, wir haben es eilig, vor uns fährt eine lahme Gurke und die Schimpfwörter kommen nur so aus uns raus. Jetzt stell Dir mal vor – dieses Szenario mit Hardrock oder Techno oder Gangsterrap, das passt gut zusammen, eine nette Symbiose. Und nun: dasselbe Szenario mit wunderschöner Entspannungsmusik, evtl. ein wunderschön melodisches klassisches Stück, oder eine meditative indische Flöte, das passt irgendwie nicht. Vielleicht schimpfen wir auch zu meditativer Musik, aber mit weniger Inbrunst. So richtig inbrünstig fluchen und schimpfen und sich ärgern kann man viel besser mit Hardrock oder ähnlichem. Wer also lieber nicht mit Schimpftiraden und Wut Auto fährt: Entspannungsmusik an.

Was wir hören hat also Auswirkung auf unsere Stimmung. Und auch hier wäre ein Zusammenhang mit unserer frühen Kindheit gut denkbar, es macht ja schon einen großen Unterschied für ein kleines Kind ob die Bezugsperson, von der unser Leben abhängt, und die wir abgöttisch lieben, mit uns schimpft und uns wie ein Hardrocker anschreit oder ob diese Person liebevolle leise melodische Worte in unser Ohr flüstert.

Zusätzlich zu dem Effekt, den Musik quasi allgemein auf unsere Stimmungslage hat, kann man durch ganz bestimmte Frequenzen ausgesuchte Themen ganz gezielt ansprechen, quasi anschwingen.

Es ist eine Wirkweise auf unsere feinstofflichen Körper. Das Gute ist, man muss gar nicht genau wissen wie und warum das funktioniert, man kann das einfach ausnutzen, ohne sich weiter darum zu kümmern. Es gibt Gott sei Dank genug Leute, die Freude haben an diesem Thema und für verschiedene Bereiche passende Frequenzen vertont haben. Diese kann man ganz einfach auf online Plattformen wie YouTube oder Spotify und viele andere auswählen und anhören. Einfach so nebenbei, ohne viel Aufwand, und das eigene Wohlbefinden wird sofort gesteigert.

Dies lässt sich übrigens auch super mit Affirmationen kombinieren, die auch oft gemeinsam mit Frequenz-Tönen anzuhören sind. Und diese Frequenzen, mit oder ohne Affirmationen, kann man wunderbar neben der Arbeit, dem Haushalt, beim Joggen gehen, im Auto, fast überall anhören und unsere Stimmungslage und unser Unterbewusstsein damit positiv beeinflussen.

Auch hier heißt es, probieren was für euch gut passt. Es gibt zum Beispiel Frequenz-Melodien, da geht mein Herz auf und ich merke wie sich jede Zelle meines Körpers freut. Es gibt aber auch Frequenz-Melodien, da zucke ich mehrmals mit dem Finger Richtung AUS Knopf bis ich merke, es geht überhaupt nicht für mich.

Selbiges für Meditationen/Affirmationen – manche Sprecher empfinde ich als sehr angenehm und wohltuend, bei anderen stellen sich meine Zehennägel auf.

Themen, die ich selbst ausprobiert habe, und bei denen ich einen Effekt feststellen konnte waren zum Beispiel Reichtum/Fülle/Geld anziehen: hier hatte ich immer ein inneres Gefühl, eine Art Sperre, wenn ich an Reichtum und mehr-Geld-verdienen dachte, sehr subtil und kaum wahrnehmbar und richtig gemerkt habe ich es erst als es weg war.

Nachdem ich einen Monat lang immer mal wieder Einschlafmeditationen über dieses Thema anhörte, habe ich gemerkt, wie entspannt es sich plötzlich anfühlt an Reichtum und viel-Geld-verdienen zu denken. Da ist mir erst aufgefallen, dass da vorher ein Enge-Gefühl war.

Vielleicht lässt es sich so beschreiben: wenn wir z.B. am Schreibtisch sitzen und arbeiten und merken irgendwas ist doof, und wir dann anfangen zu „scannen": liegts an der Arbeit? Habe ich was vergessen? Habe ich Angst etwas falsch zu machen? Werde ich vielleicht krank? Ist mir mein Kollege unangenehm? Ärgere ich mich immer noch über den Streit von gestern? Aber nichts davon scheint es zu sein. Und dann plötzlich fällt uns auf, dass die Hose total unangenehm in den Bauch drückt. Knopf auf – Gefühl weg, aaahhhh wie angenehm.

Also manchmal merken wir auch erst, dass da ein enge-Hosen Gefühl war, nachdem, im übertragenen Sinn, der Knopf aufgeht. Und das, finde Ich, klappt super mit Frequenzen. Weil, wie schon erwähnt, was ich nicht weiß, macht mich nicht heiß. Wenn ich also gar nicht weiß, dass da ein unangenehm-Gefühl ist, weil es vielleicht schon mein ganzes Leben lang vorhanden ist und es mir nie bewusst aufgefallen ist, dann kann ich auch nicht bewusst etwas dagegen tun. Wenn ich dann eine Frequenz höre, oder eben eine Meditation, die mich in einem Lebensbereich weiterbringen kann, oder mir bei gewissen Dingen helfen soll, dann kann es gut passieren, dass sich dieses unangenehm-Gefühl auflöst und wir dadurch erst merken, dass es überhaupt da war

WOHLFÜHLÜBUNGSRÄUME

Manche Dinge würden wir gerne üben, oder wären leichter zu überwinden, wenn wir Gelegenheit hätten es öfter zu üben. Zum Beispiel entspannen. Natürlich sind wir gerne entspannt, fühlt sich halt gut an. Die Frage ist, können wir das so einfach, einfach so? Mitten im Alltag, wenn wir merken, ups, hohes Stresslevel, jetzt bitte lieber Entspannung hochfahren... funktioniert irgendwie nicht. Weil wir vielleicht einfach ungeübt darin sind, uns gewollt zu entspannen, obwohl wir gerade gestresst sind. Oderaber, wir haben zum Beispiel Angst vor anderen, sei es wenn wir vor oder mit anderen reden müssen, wenn andere uns beobachten und wir denken wir werden beurteilt, wenn wir uns vielleicht indirekt bedroht fühlen von Leuten mit einem gewissen Auftreten. Uns dann in diesen Situationen bewusst zu entspannen oder uns eben anders zu fühlen, das können wir üben wenn wir die passenden Wohlfühlübungsräume für uns finden. Was gibt es denn, was uns Entspannung bringt - ein heißes Bad vielleicht. Das klingt jetzt banal, aber wenn wir uns öfter baden und entspannen, dann ist diese Gefühl einfach präsenter und wir können es leichter abrufen. Wenn wir uns nie entspannt fühlen, wie sollen wir uns dann in Stresssituation plötzlich aus dem Nichts entspannt fühlen können? Entspannung üben kann man auch beim Spazierengehen. Und auch beim Fernsehen können wir entspannen, aber, dann passiert das nur so nebenbei, eigentlich sind wir auf den Fernseher fokussiert und merken gar nicht soviel von unserer Entspannung, es ist also eher eine Ablenkung als aktive Entspannung. Beim Baden und Spazierengehen merken wir die Entspannung deutlich und können uns auch schön darauf konzentrieren und diese auskosten. Aktiv Entspannen kann man auch wunderbar in Bewegung, typisches Beispiel Yoga, auch Tai-Chi, Qi-Gong, für manche auch beim Tanzen. Der Vorteil bei diesen Entspannungsarten oder eben Wohlfühlübungsräumen ist, dass wir uns nicht nur entspannen, sondern nebenbei auch auf unseren Körper konzentrieren. Auf unseren Körper konzentrieren, auf die Atmung und andere Wahrnehmungen, und dabei entspannen, das können wir super in jeglicher Stresssituation anwenden. Manche Yoga Übungen beispielsweise erzeugen auch Stress in uns, weil sie einfach in dem Moment unangenehm sind und zwicken oder schmerzen oder anstrengend sind. Dabei fokussieren wir uns aber gleichzeitig auf die Atmung und die Entspannung und das ist dann zum Beispiel ein wunderbarer Wohlfühlübungsraum fürs Entspannen in Stresssituationen. Oder beim Tanzen beispielsweise, kommen wir aus der Puste und üben, trotzdem ruhig weiter zu atmen, lernen verschiedene Bewegung gleichzeitig zu koordinieren, und das hilft uns auch in anderen Situationen, in denen unser Puls höher wird.

Wenn wir Probleme haben vor Publikum einen Vortrag zu halten, vor Kollegen einen Sachverhalt darzustellen, also in fachlichem Rahmen vor Leuten zu stehen und zu reden, weil wir vielleicht Angst haben dass unsere Kompetenz in Frage gestellt werden könnte, wir vielleicht rumstottern werden oder ähnliches, dann findet sich auch hierfür ein Wohlfühlübungsraum. Nämlich jegliche Gelegenheit, bei der wir entspannt und mit Freude vor anderen etwas zeigen oder vortragen. Sei es auf Familienfeiern ein Gedicht, vor Freunden Witze erzählen, oder auch, wenn wir ein Hobby haben, dieses Hobby andere zu lehren, also zum Beispiel Übungsleiter für unsere Lieblingssportart, Singen im Chor, jeder kann bestimmt etwas finden. Damit haben wir nicht nur die Chance auf ein Nebeneinkommen, sondern üben ganz entspannt und in einem von uns geschaffenen Rahmen, vor anderen etwas vorzutragen.

Noch ein Beispiel. Vielleicht geht es manchen oft so, dass sie sich durch andere einschüchtern lassen, oder sich durch andere eingeschüchtert fühlen, obwohl das gar nicht die Absicht des Gegenübers war. Uns fehlt quasi die innere Verteidigungsmauer, ein gewisser Selbstschutz oder auch einfach Selbstbewusstsein. Wunderbar üben lässt sich dies in einem Selbstverteidigungskurs. Kampfkunst, Kampfsport, in ruhigerer Variante: Tai-Chi, alles Wohlfühl-übungsräume um sich auch im Alltag entspannter und sicherer fühlen zu können.

Dies sind nun wenige Beispiele, die ich wiederum auch aus meiner eigenen Erfahrung her kenne, und von denen ich also weiß, dass sie zumindest bei mir wunderbar funktioniert haben.

Da jeder seine eigenen Befindlichkeiten, Vorlieben und Hobbies hat, liegt es nun an Dir, Dir Deinen ganz eigenen Wohlfühlübungsraum zu finden :)

EFTs

Neben all den bisher genannten Methoden gibt es auch einige therapeutische Methoden, die einem weiterhelfen können, sich besser zu fühlen. Healing codes, Trance Therapie, Feldenkreis, ich kann gar nicht so viele auflisten wie es Möglichkeiten gibt. Eine davon ist EFT und steht für Emotional Freedom Technique. Sie beruht auf der Annahme, dass Emotionen Energieblockaden hervorrufen und dass das Lösen dieser Blockaden wiederum zum Auflösen der Emotionen führen kann.

Mit dieser Methode konnte ich schon sehr viele negative Gefühle lösen, und ich habe viel Erfahrung damit gesammelt, deswegen möchte ich sie hier etwas expliziter beschreiben. Nicht, weil sie besser ist, als andere Methoden, die ich hier nicht explizit beschreibe, sondern weil ich selbst diese Methode einfach schon jahrelang anwende. Ich glaube es war die erste Methode, die ich so für mich entdeckt habe, und ich habe eine Gewohnheit dafür entwickelt. Alle anderen Methoden können genauso wirkungsvoll sein, und wahrscheinlich ist es eh so, dass jede Methode bei jedem anders wirkt.

Bei EFT macht man sich die kleinen Energiewirbelchen entlang der Energiewege zunutze. Und das funktioniert so: Man fühlt sich in ein „böses" Gefühl ein, oder hat es im Moment eh. Eine Angst zum Beispiel, eine Wut, Trauer. Dieses Gefühl versucht man mit einem Satz möglichst treffsicher zu beschreiben, und zwar nicht nach logischen Aspekten, sondern danach, wie wir uns mit dem Satz fühlen. Wie bei Affirmationen, nur diesmal suchen wir eben Sätze, die ein bestimmtes schlechtes Gefühl auslösen, das wir loswerden möchten. Dann hat man also beispielsweise einen „Ich habe Angst, dass..." Satz und den wiederholt man während der Übung die ganze Zeit. Dieser Satz stärkt also das schlechte Gefühl, das wir gerne los werden möchten, und führt gleichzeitig zu Energieblockaden. Und während wir uns mit diesem Satz jetzt so richtig schön reinsteigern, klopfen wir mit der Fingerspitze verschiedene Energiepunkte ab. Durch das Klopfen wird die Energieblockade quasi mechanisch aufgelöst und das Gefühl wird reduziert. Wie misst man das? Eine gute Art und Weise Gefühle zu messen ist eine intuitive Einteilung zwischen 1 und 10. Dabei beschreibt 1 – ich hab null Angst und 10 – ich hab die totale Panik, um mal beim Beispiel Angst zu bleiben. Das macht man vor und nach der Klopfsequenz und mit etwas Glück merkt man direkt eine Besserung.

Ich konnte damit schon einiges weg klopfen z.B. Eifersucht, Angst vor Vorträgen, Angst vor der

Reaktion meines Partners, Stimmungstiefs; Ich weiß, dass es funktionieren kann, ich habe aber auch schon gehört, dass es bei Leuten überhaupt nicht funktioniert, woran das liegt weiß ich nicht. Manchmal muss man das Gefühl auch genauer beschreiben, z.B. kann es sein, dass „Angst vor Vorträgen" zwar stimmt aber keine Wirkung zeigt und erst „Angst davor, dass mich alle beobachten und auslachen wenn ich etwas falsches sage" trifft es dann auf den Punkt. Ich habe damit auch schon die ein oder andere Wut weg geklopft, und so manche Wut hätte ich einige Zeit danach gerne wieder gespürt. Wut kann nämlich eine große Kraft freisetzten um etwas zu ändern, um für sich einzustehen, etc. Also ich kann nur raten, genau zu prüfen ob ihr das Gefühl auch wirklich weg haben wollt oder nicht. Trauer ist zum Beispiel auch so eine Sache, sie kann überwältigend sein und man möchte sie weg klopfen. Aber Trauer braucht man auch um zu verarbeiten, um sich von jemandem wirklich zu verabschieden. Und so ganz ohne Trauer kann sich der Prozess dann unter Umständen auch leer anfühlen, so als würde etwas fehlen.

Und das fast wichtigste – nachdem wir nun ein uns lästiges Gefühl weg klopfen oder zumindest reduzieren konnten, überlegen wir uns nun was wir uns denn stattdessen wünschen. Was möchten wir denn gerne fühlen. Freude? Vertrauen? Freiheit? Selbstbewusstsein? Und dieses positive Gefühl klopfen wir nun genauso ein, wie die schlechten zuvor raus. Das funktioniert wunderbar.

In akuten Situationen, wenn wir gerade ein Stressgefühl haben wie Angst oder Zorn oder ähnliches, können wir auch einfach klopfen ohne einen Satz zu suchen. Der Satz dient ja dazu, diese Gefühl hervorzurufen, wenn wir zum Beispiel eigentlich gerade entspannt auf der Couch sitzen und uns unserer ständigen Wut widmen wollen, die wir just in diesem Moment gar nicht empfinden. Wenn wir aber gerade richtig schön drin sind in der Wut, dann können wir auch einfach los klopfen.

Es gibt einige Therapeuten, die mit EFTs arbeiten, es gibt auch einige Videos, mit denen man selber ausprobieren kann. EFTs zu Selbstliebe zum Beispiel sind immer gut, in jeder Situation, und falsch machen kann man damit nix. Zuviel Selbstliebe, okay, macht nix 😊

Ich möchte nun nicht, dass ihr wild drauf los klopft und Sachen weg klopft, die ihr vielleicht im nachhinein lieber behalten hättet, deswegen beschreibe ich hier nur das Grundgerüst, und für Details sucht und findet ihr bitte das für euch passende Video bzw. den für euch passenden Therapeuten.

SCHLUSSWORT

Ich hoffe sehr, dass die Anregungen in diesem kleinen kompakten Büchlein vielen von Euch weiterhelfen!

Weiterentwickeln und ändern kann man sich sein ganzes Leben lang, und es ist eine schöne Reise, sich immer besser kennen zu lernen, anzunehmen so wie man eben ist und sich selbst liebevoll an die Hand zu nehmen und sich zu helfen.

Mich würde auch brennend interessieren, was euch aus diesem Buch helfen konnte und welche Themen ihr vielleicht für Euch vertieft.

Und auch ganz wichtig, dieses Buch kann ein Wegbegleiter werden, bzw. die hier beschriebenen Methoden, aber wenn es Euch so schlecht geht, dass ihr auch damit nicht selbst rauskommt, dann scheut Euch nicht Hilfe zu holen. Eine Therapie, ein Coaching oder andere Arten der Heilung. Es gibt derer wirklich viele, es gibt auch Familienaufstellungen mit denen man Familienthemen lösen kann, Trancetherapien bei denen man direkt auf sanfte Art und bei Bewusstsein mit dem Unterbewusstsein arbeitet und andere energetische Formen der Heilung. Auch mit Homöopathie lassen sich Emotionen ausgleichen und harmonisieren aufgrund der vielen Wechselwirkungen in uns. Diese kann man aber nicht alleine durchführen, deswegen habe ich sie nicht näher beschrieben. Dieses Buch ist eine Art Hilfe zur Selbsthilfe und ich wünsche Euch vor allem sehr viel Freude beim Ausprobieren und freue mich mit Euch wenn ihr die ersten Erfolge feiern könnt!